송강 스님의
마음으로 보기

가장 적은 노력으로 가장 빨리 행복해지는
속시원한 최첨단 불교식 해법

송강스님의

마음으로 보기

시우송강
時雨松江

- 한산화엄(寒山華嚴) 선사를 은사로 득도

- 화엄, 향곡, 성철, 경봉, 해산, 탄허, 석암 큰스님들로부터 선(禪),
  교(敎), 율(律)을 지도받으며 수행

- 중앙승가대학교에서 5년에 걸쳐 팔만대장경을 일람(一覽)

- 1987년부터 7년간 대한불교조계종 총무국장, 재정국장 역임

- BBS 불교라디오방송 '자비의 전화' 진행

- BTN 불교TV방송 '송강 스님의 기초교리 강좌' 진행

- 불교신문 '송강 스님의 백문백답' 연재

- 불교신문 '송강 스님의 마음으로 보기' 연재

- 불교신문 '다시 보는 금강경' 연재

- 불교신문 '벽암록 맛보기' 연재 중

- 『금강반야바라밀경』 시리즈, 『송강 스님의 백문백답』, 『송강 스님의 인도 성지순례』, 『송강 스님의 미얀마 성지순례』, 『경허선사 깨달음의 노래(悟道歌)』, 『삼조 승찬 대사 신심명(信心銘)』, 『송강 스님이 완전히 새롭게 쓴 부처님의 생애』, 『초발심자경문』, 『다시 보는 금강경』, 『말, 침묵 그리고 마음』, 『나의 사랑 나의 스승 한산화엄』, 『송강 스님의 발칸 · 동유럽 문화 탐방기』, 『도를 깨달은 노래 證道歌』 출간

- 2014년 『부처님의 생애』로 중앙승가대학교 단나학술상 수상

- 대한불교조계종 총무원장 표창 2회

- 서울 강서구 개화산(開花山) 개화사(開華寺) 창건

- 현재 개화사 주지로 있으며, 인연 닿는 이들이 본래 면목을 깨달을 수 있도록 기초교리로부터 선어록에 이르기까지 다양한 강좌를 진행하고 있으며, 차, 향, 음악, 정좌, 정념 등을 활용한 법회들을 통해 마음 치유와 수행을 지도하고 있음

시우송강 時雨松江 스님

2008년 방송활동 등으로 오랫동안 원고청탁을 사양
해 오던 불교신문에 대해 빚을 갚는다는 심정으로 연
재하기 시작한 것이 〈송강스님의 백문백답〉이었습니
다. 2년에 걸쳐 연재를 마칠 즈음인 2009년 말에 다
시 불교신문사에서 1년간 새로운 형식의 글을 써 달
라는 청탁이 왔습니다. 극구 사양했지만 결국 끈질긴
기자의 설득에 넘어가 2010년에 쓰게 된 것이 〈송강
스님의 마음으로 보기〉입니다.

〈백문백답〉은 많은 사람들이 불교에 대해 궁금해 하는 내용이나 혹은 잘못 알고 있는 것들에 관해 쓴 것이고, 〈마음으로 보기〉는 우리가 일상에서 만나는 현상들을 지혜의 안목으로 바라보면 어떻게 되는지에 초점이 맞추어진 것입니다.

부처님의 지혜는 대장경 속에 감춰져 있거나 학문의 연구대상으로 존재하는 것이 아닙니다. 물론 학문적 대상으로 삼아 연구하는 것은 그 나름대로의 의미가 있지만, 부처님의 본뜻은 스스로 자신의 본체를 깨달아 그로부터 나오는 지혜를 쓰라는 것이었습니다.

우리의 삶은 온 우주와 그물처럼 얽힌 연기적 관계에 있습니다. 그러므로 자신의 생각대로만 살아지지가 않습니다. 자신의 생각이 어리석으면 삶이 힘들고 괴로운 것이며, 자신의 생각이 지혜로우면 삶은 여유롭고 즐거운 것입니다.

지혜는 밖으로부터 우리에게 들어오는 것이 아닙니

다. 다시 말해 지식탐구와 정보의 축적으로 만들어지는 것이 아닙니다. 어리석음도 지혜도 '마음'으로부터 비롯됩니다. 마음이 혼탁하면 생각이 어리석고, 마음이 맑으면 생각이 지혜롭습니다. 그런데 자신의 마음은 오직 자신만이 맑힐 수 있습니다. 물론 성현의 가르침이나 마음공부를 오래한 선배들로부터 도움을 받을 수는 있지만, 최종적인 것은 자신이 하는 수밖에 없습니다.

 마음을 맑히는 일은 너무나 간단합니다. 밖으로부터 들어온 정보와 지식은 안개처럼 자신의 안목을 가린다는 것을 깨달으면 됩니다. 그 정보들이 자신을 끌고 다니게 가만 두지 말고, 그 생각이 일어나기 전의 상태 즉 맑음(고요함)으로 돌아가는 것입니다. 틈틈이 홀로 앉아 본래 허공과 같고 맑은 거울과 같은 상태로 돌아가면 됩니다. 그런 노력의 결과로 마음이 언제나 텅 빈 허공 같은 상태가 되면, 그 마음에 어떤 것이 오고가도 그저 편안하고 즐겁습니다.

이 책은 우리가 만나는 여러 가지 현상을 통해 지혜로운 삶으로 나아가는 얘기입니다. 글을 보시면서 자신의 마음을 보게 된다면 참 좋겠습니다. 가장 적은 노력으로 가장 빨리 행복해지는 방법은 자신의 마음을 보는 것이니까요.

바로 그 맑은 자신의 마음으로 세상을 보시면, 바로 자신의 삶이 아름답다는 것을 아시게 될 것입니다.

2021년 백중기도를 봉행하는 여름안거 중에
개화산 자락에서 時雨 松江

차
례

차
례

루저(loser)와 위너(winner)

한때 '루저'와 '위너'라는 말이 심심찮게 입에 오르내렸다. 우리말로 하자면 패자와 승자쯤 되겠다. 이 단어가 어제 오늘 생긴 것도 아닌데 뭐 문제 삼을 것 있으랴. 그런데도 시끌벅적했던 것은 아마도 그 쓰임을 문제 삼았던 것 같다. 특히 한 여대생이 남자의 신체적 기준을 두고 공개적으로 이 단어를 사용한 것이 큰 파장을 일으켰었다. 그러잖아도 신체적인 문제로 강박관념에 시달리던 남자들로서는 '울고 싶은 사람 뺨 때린 격'이었으리라.

신체적 패배의식에서 벗어나기 위한 노력이 화장과 옷치장으로 나타났다고 어느 학자가 주장했던가. 그러고 보면 이 패배자적인 강박관념과 그로부터 탈피하기 위한 노력은 참으로 오래된 것 같다. 수천 년 전의 유적과 유물을 통해 화려하게 꾸민 모습들을 확인할 수 있으니 말이다. 좀 꼼꼼히 살펴보면 꾸미는 주체가 남자에서 여자로 바뀌어 왔음을 알 수 있다. 그리고 오늘 세상을 둘러보면 이제 남자들이 그 꾸밈의 주체로 다시 등장하고 있음도 알 수 있다. 꾸며야 하는 남녀의 심층심리까지 언급하면 너무 복잡해지니까 생략하자.

스리랑카 여행을 갔을 때 우리를 안내했던 이는 유명한 대학교수였다. 좀 친해졌다고 생각되었을 때 궁금했던 것을 물어봤다.

"수많은 혈통이 있을 터인데 정확히 구분이 되느냐?"

"우리는 그냥 보면 아리안인지 드라비다인지를 안다. 그래서 아리안은 다른 혈통과 어울리는 것을 별로 좋아하지 않는다.”

스스로를 아리안이라고 소개하며 교수는 어깨를 으쓱 올렸다.

하긴 우리 주변을 봐도 '척 보면 아는 신종 귀족'이 있는 것 같다. 그들은 그들만의 공간을 만들고 그들만의 대화를 하며 지낸다. 과연 그게 '귀한 것'인지는 확신할 수 없지만.

오늘날 불자들은 석가모니께서 말씀하셨던 '절대평등의 주창'인 '천상천하유아독존'을 너무 쉽게 생각해 버린다. 그러나 다시 생각해 보자. 석가모니께서 그 주창을 하시던 당시의 인도는 법적으로 '위너'와 '루저'가 정해져 있었다. 그것도 어머니의 자궁 속에서 이미 정해져 버렸던 것이다. 당시 '루저'였던 아래계급들은 '위너'였던 상층계급에 어떤 것도 주장할 수 없었다. 하층민에게는 심각한 원죄가 있었다. 바로 과거생의 업 때문에 그렇게 태어났으니, 오직 무조건적 복종에 의해서만 '다음 생'에 그 과보에서 벗어날 수 있다는 것이었다.

석가모니께서는 반역을 꾀하셨다. "바라문이나 천민은 태어나는 것이 아니라 행위에 의해 만들어지는 것이다"는 이 말은 체제부정이었다. 그리고 모든 원죄는 가진 자들에 의해 날조된 허구임을 밝혀버린 것이다. 오직 모든 기득권을 버린 석가모니만이 당당히 주장할 수 있었던 진실이었다.

우리는 잊고 있다. 스스로 '있는 그대로의 존귀함'을 깨닫지 못한다면, 세상 모든 의술의 힘을 빌려 그 외형을 바꾼다 해도 실패자라는 것을. 비록 외모를 멋지게 바꿨다고 해도, 그가 눈살을 찌푸리게 하는 언행을 일삼으면 곧 천한 사람이며 실패자이다.

얼이 헛헛한 사람은 특히 외적인 것으로 인한 자만이나 비하가 심한 듯하다. 자기 마음의 평정과 평화가 없기 때문이리라.

승자와 패자는 스스로 만드는 잣대에 불과한 것일 뿐.

- 인도 아잔타 석굴의 불화.

진짜와 가짜

산스끄리뜨어의 아바따-라(avatāra)에서 유래된 '아바타'라는 제목에 끌려 영화를 하나 봤었다. 영화 평을 살펴봤더니 대개 3D라는 입체 형식에 환호했고, 너무나 탁월한 상상력에 박수를 보내는 것 같았다. 그러나 내겐 장자의 '나비 꿈'과 불교의 '천백 억 화신'이 보였다. 우리가 넋을 놓고 있는 사이에, 서양인들이 우리 보물로 잔치를 벌이고 있었던 것이다. 영화가 진행됨에 따라 나는 미국에서 새로 편찬한 너무나도 컬러풀한 『대방광불화엄경(大方廣佛華嚴經)』 속으로 빨려 들어갔다.

'아바따(avatar)'는 불교나 힌두교의 화신(化身) 혹은 현시(顯示)를 뜻한다. 이것이 인터넷의 가상공간 가상현실에서는 운영자를 대신하는 애니메이션 캐릭터 등을 뜻하는 말로 이미 친숙하게 사용된다.

우리 일상에서의 가상현실은 꿈이라는 것을 통해 익숙하지만, 꿈은 손에 잡히지도 않거니와 마음대로 고칠 수 없다. 그런데 컴퓨터의 가상현실은 실력에 따라 얼마든지 바꿀 수 있기에 사람들은 게임에 빠져들게 된다. 손에 잡히는 것 같은 착각의 효과다.

아바타는 장자의 스토리텔링을 떠올리게 한다. 나비의 꿈을 꾸고 난 뒤 장자는 독백한다. "주(周-장자)가 나비의 꿈을 꾼 것인가, 아니면 나비가 주(周)가 된 꿈을 꾸고 있는 것인가?"

영화 속에서 용병과 아바타의 관계를 보면 대전환이 있음을 알 수 있었다. 처음에는 용병이 아바타를 통해 나비족으로 변신한다. 이때의 아바타 나비족은 어디까지나 가짜다. 그런데 점차 그 경계가 모호해진다.

용병인가 나비족인가? 끝에 가면 용병의 생명은 아바타였던 나비족으로 옮겨가고 용병은 죽는다. 이제는 용병이 가짜다. 그럼 무엇이 진짜일까?

문득 종경선사의 다음 게송이 떠오른다.

이루고 변화한 몸 진짜 아닌 가짜 몸

(報化非眞了妄緣)

진리 몸 청정해 가없이 넓도다

(法身淸淨廣無邊)

물 있는 곳엔 달 모두 나타나고

(千江有水千江月)

구름 없으니 온통 하늘뿐이로다

(萬里無雲萬里天)

용병도 아바타도 나비족도 임시로 만들어진 인연일 뿐이다. 영화에서는 근원적 생명을 '에이와'라 칭했던가.

다시 아바타는 싯다르타가 설파한 만물동근(萬物同根)의 향기를 느끼게 한다. 도처에 그런 코드를 숨기고 있는 것이다. 나비족으로 사는 길은 모든 존재와 바로 소통해야만 한다. 나무도 새도 짐승까지도 하나의 생명의 뿌리로 연결되어 있다. 감독 캐머런(카메론)은 판도라라는 행성을 내세워 마음의 탐구를 떠났던 것처럼 보인다. 마음만큼 판도라에 맞아 떨어지는 것이 또 있겠는가.

"무엇 때문에 왔느냐?" "배우러 왔습니다." "이미 가득 찬 잔을 채우기란 힘들지." "저의 잔은 비어 있습니다." 누가 이 대화를 화두 참구하듯이 생각하겠는가? "I see you" "나는 당신을 봅니다." "나는 당신을 압니다." 서로 쳐다보며 주고받는 대화는 이심전심(以心傳心)의 경지에 이르렀음을 보여준다.

아바타에서는 바로 이런 불교적인 메시지를 무수히 던지고 있다. 알거나 말거나.

아바타가 켰던 횃불이 꺼지고 숲이 다시 안정을 되찾았을 때, 어둡던 숲은 제각기 빛을 발하고 발을 내디딜 때마다 빛났다. 신기한가? 마음의 눈이 열리면 풀잎마다 부처를 볼 수 있고, 부처님의 걸음걸음 연꽃이 솟는 것도 볼 수 있으리니. 한번 시도해 보구려.

당신이 지금 진짜라고 붙들고 있는 것이 가짜라는 생각은 해 보지 않았는가? 놓고 보면 자신이 붙들고 있는 것들이 가짜였음을 알 수 있고, 그 순간 세상 모든 것은 진짜의 모습을 드러낸다. 하지만 사람들은 끝내 고집한다. 지금 눈에 보이고 손에 잡히는 것만이 진짜라고.

진짜와 가짜는 무엇을 기준으로 결정되는 것일까.

– 인도 성지순례에서 만난 일몰을 달리는 버스에서 촬영.

제
3
화

잃어버린 별

오래 전 '작은 티베트'라 불리는 라다크에 갔을 때였다. 초저녁에 잠깐 잔 후 자정 무렵에 깨어 너무나 고요한 이국의 분위기에 취해 홀로 뜰을 서성이고 있었다. 그때 졸린 듯이 껌뻑거리던 도시의 불빛이 열악한 전력사정으로 꺼져버렸다. 지상에 불빛 한 점 없는 그 순간 나는 순식간에 하늘나라로 올라갔다. 내 시선이 닿는 모든 곳에는 영롱한 별들이 도란거리기 시작했다. 아! 어린 시절 지리산을 떠나며 이별했던 그 동무들이 모두 이곳에 먼저 와 있을 줄이야! 나는 그 밤을 옛 동무들과 얘기하느라 꼬박 새우고 말았다.

 싯다르타도 그러했으리라. 성장해가면서 언젠가부터 세상의 지중한 인연들 때문에 자기의 별을 잊고 살았는지도 모를 일이다. 그러다 어느 순간 모든 것이 슬프고 아프게 느껴지는 순간부터 자기의 별을 떠올렸으리라. 그리고 온 세상을 헤매며 찾고 또 찾았으리라. 얼마나 많은 스승들로부터 그 얼마나 많은 학문을 익혔는가. 성(城)을 나와서도 또 스승을 찾아다녔건만 자기의 별을 찾지 못했다.

 "아! 업(業) 때문이로구나! 그래, 세상 그 누구나 하지 못할 최고의 고행을 한다면 아마도 다시 별을 찾을 수 있지는 않을까?"

 그렇게 6년의 세월이 흘렀건만 별은 찾지 못한 채, 부질없는 존경의 시선과 먼지처럼 푸석거리는 말라비틀어진 육신만 남았던 것이다.

 "누가 뭐라 해도 이건 아니다. 난 여전히 내 별을 찾지 못하고 있다."

 순간 싯다르타는 공들여 쌓아올린 그 명성을 던져

버렸다. 비틀거리며 일어나 목욕도 하고 밥도 얻어먹고, 그렇게 고행의 장소를 떠났다. 타락자라는 오명을 안고 나이란자나(尼連禪河) 강가를 터벅거리며 건넜다.

다시 나무 아래 앉았을 때 싯다르타는 어린 시절 숲속에서 체험했던 선정(禪定)을 떠올렸다. 그리고 맑아지기 시작했다. 그렇게 칠 일이 지나갔을 때 캄캄한 새벽녘 그 별빛을 본 것이다.

깨달음을 이루신 부처님께서는 우리 모두가 본래부터 밝은 별이었다고 가르쳐 주셨다. 그리고 그 별과 이별한 적이 단 한 번도 없다고 하셨다. 그런데 우리는 왜 각자의 별을 보지 못하는 것일까?

우리는 너무나 많은 등불을 갖게 되었다. 그래서 태고부터 있어왔던 그 별빛을 잊고 있다. 우리에게도 생각할 수 없을 정도의 그 먼 과거로부터 영롱한 빛이 있었건만, 우리 주위에 하나 둘 등불을 켜기 시작하면서 내면의 빛이 가려지기 시작했던 것이다.

이제 지혜도 선정도 인터넷만 뒤적이면 다 있다. 거

기 도(道)도 있고 행복도 사랑도 다 있다. 그래서 사람들은 매일 쉬지 않고 열심히 인터넷서핑을 한다. 거기서 배운 그대로 쇼핑도 해 보고, 클럽도 가 본다. 좀 고상하게 명상동호회에도 가입해보고 도인들 모임에도 나가 본다. 그런데 왜 행복해지지 않는 것일까? 내 멋대로 하고 싶은 대로 하는데 왜 자꾸만 답답해지기만 하고 자유롭지 못한 것일까?

이미 아주 오래 전에 싯다르타가 다 시험해본 일들이다. 어느 재벌인들 싯다르타처럼 자신의 뜻대로 시험해 볼 사람이 있겠는가. 그리고 자진해서 참 모진 고생도 다 해봤었다. 그 기록을 갱신한 사람이 아직은 없다.

부처님은 지금 우리에게 말씀하신다.

"거기에는 당신의 별이 없다. 그러니 부질없이 싸돌아다니며 찾지 말고 그대 자신을 보라!"

그래도 사람들은 계속 등불 늘리는 일에 열중한다. '보다 더 크게, 보다 더 밝게. 별이 보일 때까지'를 외치며.

부처님께서 새벽별을 보시고 깨달음을 이루신 곳.

여기에 이른 사람들은 자기의 별을 보고 있을까?

제
4
화

내 마음속 서라벌

모 방송국의 드라마 중에 매우 인기를 끌었던 '선덕 여왕'이 있었다. 안 보면 바보가 되는 것처럼 하도 떠들기에 끝날 때쯤 몇 번을 봤다. 그런데 드라마에는 서라벌의 정신은 없었고, 그저 감정적 갈등과 세력 간의 갈등만이 있었다. 하긴 재미삼아 구경하는 데는 싸움이 제격이지.

나는 경주를 참 좋아한다. 세계를 별로 돌아다니지 못했으니 단언하기는 어렵지만, 경주처럼 멋진 곳이 있을까 싶어서다. 70년대까지는 경주에 자주 갔다. 토

함산도 넘어보고 남산도 몇 번인가를 걸었다. 그러면서 경주를 옛 모습에 가깝게 복원하면 어떨까 하는 생각을 했었고, 기회가 있을 때면 그 얘기를 하곤 했다.

이윽고 경주가 바뀌기 시작했다. 고층의 아파트가 서더니, 어느 결에 경마장이 만들어졌다. 그러면서 나는 경주에 잘 가지 않게 되었다. 고층아파트를 보는 순간 가슴이 답답해졌고, 여기 저기 무질서하게 파헤쳐지는 것을 보면 내 폐와 심장에 구멍이 뚫리는 것 같았기 때문이었다.

복원된 황룡사 목탑에 올라 신라의 자존(自尊)을 강조하려 했던 자장율사의 정신을 말하고, 복원된 감은사 지하수로를 백 미터 정도라도 걷게 하면서 문무왕의 그 정신을 설명하면 어떨까? 남산의 불보살 앞에서 영혼 맑은 사람이 신라 향기를 펼쳐 보이면 외국인들은 어떤 느낌을 받을까? 경주를 세계적인 명소로 만들어 놓고, 그곳에서 세계인들을 향해 우리의 문화를 펼쳐 보이고 우리의 얼을 느끼게 하면 어떨까? 이게 내가 꿈꾸던 서라벌이었다.

뉴질랜드의 별 영험 없는 계곡에도 '반지의 제왕' 효과로 버스가 줄을 서는데, 만약 서라벌을 복원하고 그 향기를 담아 영화를 만든다면 세계인들은 어떤 반응을 보일까?

그러나 점차 그것은 허망한 꿈이 되어 가고 있다. 그저 핵폐기물이나 땅에 묻고, 싸구려 관광기념품이나 파는 그렇고 그런 곳이 되고 있다.

파리에 며칠 머문 일이 있다. 나름대로 조사한 자료가 있어서 제법 충실하게 박물관이나 미술관을 돌아볼 수 있었고, 괜찮은 공연도 감상할 수 있었다. 문화재로 등재된 많은 성당을 참배하고 에펠탑도 올라 보았으며, 궁전도 가보고 밤 유람선을 타고 강바람에 덜덜 떨기도 했다. 그러나 최고로 감동받은 것은 일요일 아침에 참석한 노틀담의 미사와 천상에서 비 내리듯 울리던 파이프오르간의 미사곡이다. 내겐 그것이 언젠가 꼭 다시 젖고 싶은 파리의 향기다.

무엇이 서라벌의 향기였을까? 부처는 본래 모양이 없다는 것을 깨우쳐주려고 적멸보궁을 세운 자장율사의 신념인가? 이 세상 모든 것은 다 꽃이며, 그 꽃들이 어울려 하나의 장엄한 세계를 만드는 것임을 깨우쳐 주려 한 의상대사의 화엄정신인가? 사람들 속으로 들어가 무애가(無碍歌)를 부르며 나무아미타불을 가르쳐 그들의 마음에 극락을 세우려 했고, 화쟁사상(和諍思想)으로 찢어지고 헝클어진 마음을 수습하려 했던 원효대사의 원력인가?

선배스님들은 향기로운 서라벌을 만들었다. 그런데 우리는 서라벌을 무대로 하는 드라마에 향기를 불어넣을 수 없었다. 오늘 너무 우리끼리의 도(道)에만 만족하고 있는 것 아닌가? 저 무한한 욕망의 경쟁을 바라보며 혹여 어쭙잖게도 고고한 체 하는 건 아닌가?

내 마음속 서라벌(쉬라바스띠, Śravasti)에는 고타마 싯다르타가 걷고 있다. 손에는 중생의 소망 담을 발우를 드시고, 입가엔 모든 이의 두려움을 녹여줄 미소를 머금으신 채 오늘도 걸으신다. 나는 매 순간 그분이 이르는 곳마다 연꽃이 피어나는 것을 지켜보고 있다.

과연 우리가 가진 보배를 제대로 알고 있을까?

– 경주 남산의 마애불. 안장헌선생 사진 작품.

제
5
화

봄 세우기

키다리 아저씨의 집은 인근에서 가장 크고 아름다웠
다. 드넓은 정원에는 온갖 꽃이 다양하게 피어나고,
벌 나비가 춤추며 새들이 노래했다. 갖가지 과실나무
에는 철철이 탐스런 과일이 달렸다. 동네 아이들도 키
다리 아저씨의 집에서 놀기를 좋아했다.

그런데 어느 순간 키다리아저씨가 아이들을 쫓아내
고는 대문을 닫아걸고 말았다. 아이들이 집에 들어와
마음대로 노는 것이 싫어진 것이었다. 아저씨가 대문
을 닫고 난 뒤 집안이 한결 조용해졌고, 아저씨는 매

우 만족스러웠다. 그렇게 가을이 지나고 겨울이 왔다. 그해 겨울은 유난히 길었다. 4월도 지나고 5월도 다 갔건만 뜰에는 눈이 가득했다. 이상하게 생각한 아저씨는 큰 키를 발돋움하고 멀리 담장 밖을 보았다. 그런데 이럴 수가? 담 밖에는 이미 꽃이 피고 새가 노래하고 아이들이 들판을 가로지르고 있는 것이 아닌가! 어째 이런 일이? 아저씨는 무릎에 고개를 깊이 파묻었다. 그렇게 하루를 보낸 아저씨가 다음날 손에 선물을 잔뜩 들고는 대문을 활짝 열고 아이들을 불렀다.

"얘들아! 내가 잘못했다. 오늘부터 여기서 놀아라! 자, 선물이다."

아이들은 해맑게 웃으며 아저씨의 품으로 뛰어들었다. 그런데 그 순간 기적 같은 일이 벌어졌다. 마당의 눈이 순식간에 녹고 꽃이 피어나더니, 벌 나비가 날고 새들이 노래하는 것 아닌가.

수십 년 전에 읽었던 동화의 내용이다. 웬 동화? 행복해지려면 동심으로 돌아가는 것이 지름길 아니던가.

이상도 하지. 왜 찬바람 쌩쌩 부는 추위에 입춘(立春)이라는 절기를 둔 것일까? 봄이 되려면 한참은 기다려야 할 텐데……? 가만, 다시 보니 봄을 세운다는 뜻 아닌가! 그렇다. 마음에 봄을 세울 때가 된 것이다. 언제까지 이불을 뒤집어쓰고 춥다고 너스레나 떨고 있을 때가 아닌 것이다. 그래서 대문을 열어젖히고 떡하니 붙여 본다.

입춘대길(立春大吉)

건양다경(建陽多慶)

봄을 세우면 크게 길하고,

밝은 기운 채우면 좋은 일 많으리.

마음이 차갑게 얼어붙은 사람은 대문을 걸어 잠그고 자기 것(?)을 지키려 한다. 남에게도 다 있는 것을 자기에게만 있는 걸로 착각해서 경계하는 것이다. 좀 더 살펴보면 아무것도 없는데 괜스레 혼자서 난리다. 그러니 그 마음속 얼음을 먼저 녹여야 한다. 그리고 따뜻한 기운으로 가득 채워 보라. 세상이 얼마나 아름답고 따뜻하고 살만한 곳인가 말이다.

한 거사님이 얘기 중에 휴대전화기를 내밀었다. 거기에는 청초하게 꽃을 피운 난(蘭) 사진이 있었다. 사무실에 있는 난이란다.

"난을 참 잘 키우시나 봐요?"

"그렇지도 않습니다. 집에 있는 난은 꽃이 안 피는걸요."

무슨 차이가 있었던 것일까? 사무실 난은 낮 동안에 쌀쌀한 베란다에 두었고, 집에 있는 난은 따뜻한 거실에 두었다는 것이다. 베란다의 난은 위기감을 느꼈기에 꽃을 피웠지만, 거실의 난은 안락함에 취해 꽃대를 올리지 않은 것이었다.

성공하고 싶으신가? 행복을 느끼고 싶으신가? 지금의 안락함에서 벗어나시라. 지금 느끼는 추위 속에 봄을 세우시라. 스스로가 희망을 세우고 세상을 포용하는 따뜻한 마음을 회복할 때, 비로소 꽃이 피고 벌 나비 나르리니.

황벽선사께서는 자기의 처지를 한탄하고 포기하려는 사람들에게 멋들어진 시를 선물하셨다.

불시일번한철골(不是一番寒徹骨)

쟁득매화박비향(爭得梅花撲鼻香)

한 번 뼈에 사무치는 추위 만나지 않고서야

어찌 코 찌르는 매화 향기 맡을 수 있으랴!

  향기로운 봄은 모름지기 스스로 봄을 세우는 사람의
몫일지니.

이른 봄에 핀 매화가 저절로 피었다고 말하지 말라.

한겨울 추위를 이겨낸 모습이니.

환각, 그 아릿함

40여 년 전쯤이던가, 심한 감기로 고생하다가 캡슐로 된 센 감기약을 구해 정량의 곱절을 복용했다. 한 시간 후쯤 약속이 있어 친구 만나러 나가는데, 마치 구름 위를 걷듯이 몸이 둥둥 떠다니는 듯했다. 약기운으로 인해 아픔은 전혀 느낄 수 없었고, 스쳐 지나가는 거리의 모습은 영화 속의 장면들이 스크린 밖으로 튀어나온 듯했다. 그 일이 있은 후 나는 감기가 심해지면 강렬한 유혹을 느꼈었다. 다시 아릿한 환각 속으로 빠져 들고 싶었던 것이다. 다행히 약에 대한 공부를 좀 했었기에 그 환각의 결과를 잘 알고 있었다. 그 한 번의 아릿한 경험으로 족했던 것이다.

우리는 늘 이런 환경에 노출되어 있다고 해도 과언이 아니다. 거대 기업들은 늘 고심 중이다. 어떻게 하면 오감을 사로잡을까? 만약 실패하면 엄청난 개발비를 되찾을 길이 없다. 그래서 우선 미각을 사로잡기 위해 화학조미료를 선물하기 시작했다. 빛나는 알갱이를 조금만 넣어도 기막히게 맛있게 느껴지는 경험을 한 사람들은 짝사랑에 빠졌다. 이미 혀는 환각에 익숙해지고, 의식은 그 맛을 요구하게 된 것이다.

뉴질랜드에 갔을 때 가이드가 말했다. "쇠고기는 한국이 훨씬 맛있습니다. 뉴질랜드의 소는 목장에서 계속 돌아다니므로 운동량이 많고 거친 먹이를 취하기에 육질이 좀 질깁니다." 돌아와서 인터넷을 통해 사실인지 알아봤다. 그랬더니 우리나라처럼 가두어 키우는 소에게는 인공적인 것들이 20여 종이 먹여진단다. 왜냐고? 그래야 빨리 자라고 육질이 부드러워지므로. 허어, 비정상적으로 빨리 자란 것 치고 좋은 것

없던데. 참, 인터넷에서 또 하나 알게 된 사실은 뉴질
랜드도 돼지를 쇠틀에 가둬 키우는 사육이 문제가 되
고 있다는 것!

인도를 여행하면서 길거리에 즐비한 이동식가게를
보게 되었다. 가만 지켜보니 사람들이 무언가를 사서
입에 넣고 씹으며 침을 뱉는다. 알아보니 씹는 담배
종류란다. 그런데 카메라를 들이대니 인상을 팍 쓰며
손을 젓는다. "쟤 왜 저래?" 가이드에게 물었더니, 돌
아오는 답이 놀랍다. "저 속에 미량의 마약 성분이 들
었걸랑요." "마약 팔아도 돼?" "저건 아무것도 아닌걸
요. 바라나시에서는 정부가 마약을 허용하잖아요."

그때야 나는 이해가 되었다. 왜 빼빼 마른 운전기사
가 종일 무언가를 씹으며 며칠 동안 그렇게 힘들게 운
전하면서도 멀쩡한지를. "인도의 운전기사 평균수명
이 어때?" "50세 정도일걸요. 좀 일찍 죽죠."

부처님께서 이르셨다. "바깥의 무언가에 의지하여
평정을 얻으려 하지 말라. 의지하던 것이 사라지면 더
욱 괴롭나니. 깨어 있어야 하느니라."

비단 마약뿐이랴. 우리는 끝없이 무언가를 의지하려 한다. 보다 더 자극적인 것을 원한다. 그래서 우리의 모든 감각기관은 도적의 출입문이 된다. 무엇을 훔쳐 가는 것일까? 바로 빛나는 지혜를 훔쳐가는 것이다. 지혜가 사라진 어둑어둑한 그곳에는 쇼핑중독, 게임 중독, 인터넷중독, 모바일중독 도박중독 등이 자리를 차지하고 주인노릇을 한다. 가히 '감각의 포로'이다. 그러니 그걸 못하게 해 보라. 그 순간 바로 적이 된다.

아릿한 맛은 환각이다. 때론 환각으로 환각을 물리칠 순 있겠으나, 어떤 환각이건 주인노릇을 하게 해선 안 된다. 깨어 있으면 누구나 편안해지지만, 환각에 빠져버린 사람은 그 평범한 평화를 누리지 못한다. 더 특별한 자극을 탐해 서서히 파멸해 가는 것이다.

환각 같지 않은 가장 강력한 환각, 그게 지식이라는 것! 오죽했으면 덕산(德山宣鑑, 780~865)선사께서 몽둥이(棒)로 다스리려 했겠으며, 임제(臨濟義玄 ?~867)선사께서는 고함(喝)으로 깨뜨리려 했겠는가.

리어카에서 씹는담배를 파는 광경을 찍자 인상을 쓰며

손을 내저었다. 알고 보니 약한 마약 종류를 팔고 있었다.

눈멀게 하는 것

기도 끝의 아멘을 들을 때마다 나에게는 항상 아맹(我盲)으로 들린다. "나는 눈멀었나이다." 미리 밝혀두지만 결코 다른 종교를 폄하(貶下)하려는 것이 아니다.

아멘(aman)은 '진실로, 참으로'라는 뜻을 지니는 말로 '성경의 가르침이 진실이라는 것에 동의합니다.'라고 자신의 마음을 열거나, 아니면 '성경의 가르침대로 이루어지소서!'라고 기원하는 말이라고 할 수 있다.

종교지도자라면 누구나 부딪칠 수밖에 없는 것이 신자들의 현실적 갈망이다. 언제나 기도할 때마다 현실적 바람을 들어달라고 매달린다. 그걸 하지 말라고 말해보라. 그길로 믿음은 사라지고 떠나고 말 것이니. 그러니 어쩌랴. 그저 오래 참고 기다리며 스스로 열리기만을 기다려야지. 절대로 성급하게 갈망을 버리라고 충고하지 말지니, 그랬다간 교회나 절이나 그저 해와 달만 오가게 될 것이다. 그게 싫어서인가? 어떤 이들은 아예 산자락에 배추 두어 포기 심어두고 유유자적하기도 한다. 그렇지! 그만한 살림살이면 넉넉하지. 그런데 그건 혼자서나 할 일이지 세상 모든 이들에게 권할 만한 일은 아니다.

생각해 보라. 세상엔 하고 싶은 것도 많고 사고 싶은 것도 많지 않은가 말이다. 그래서 팍팍 밀어준다. 지갑엔 카드 몇 개쯤은 다 갖게 만들어 줬다. 아무리 써도 줄지는 않고 도깨비 같은 숫자만 오르내리니, 사람들이 카드신봉자가 될 수밖에. 그런데 언제까지 믿고 써도 될 줄 알았던 이 신용카드가 배신을 한단다. 이리저리 돌려 막기 하다 보면 어느샌가 신용이 불량해진다나!

종교도 이 신용카드 발부하는 회사처럼 믿음을 팔던 때가 있었다. 뭐 영험이라는 것이 곧바로 나타나는 것도 아닌데다, 나타나지 않으면 정성이 부족하다고 하면 그만이니까. 그러니 끝까지 믿는 사람에게나 영험이 나타난다면 어쩌겠는가. 이렇게 하염없이 끌려가는 것은 지혜가 없어서이다. 하긴 턱도 없는 탐욕을 일으킨 자체가 지혜 없는 사람이나 할 일이니 어쩌랴.

요즘에도 가끔은 이게 먹히긴 하나 보다. 아무리 봐도 가당찮은 짓거리인데도 그냥 영험타령 하며 바위 따위에 엎어지는 사람들이 있으니 말이다.

1980년대 말 제주도 모 사찰의 주지를 할 때였다. 서울 일을 마치고 내려가 절에 들어서는데 멋진 무지개가 절 지붕 위로 걸쳤다. 마침 기다리고 있던 신도님들이 이구동성으로 "주지스님이 오시니 무지개가 뜨네요!"하며 탄성을 질렀다. 비 개인 뒤 무지개 뜨는 것이야 다반사 아닌가. 그래 대수롭지 않게 한마디 했지. "쌍무지개나 떠야 영험이 있는 게지."그런데 이게 웬일? 그냥 쌍무지개가 걸쳤네! 그러니 신도님들 맨

땅에 큰절을 할 기세다. 손을 저으며 서둘러 법당에 오르는데 등에 식은땀이 흘렀다. 번개처럼 뇌리를 때리며 지나가는 생각 때문이었다. "아이쿠, 이러다 사이비 교주될라!"

아맹(我盲)! 잘난 체하는 사람보다는 "저는 눈멀었나이다. 그러니 바르게 이끌어 주소서!"하는 이가 훨씬 순수하다. 순수한 만큼 영적으로 빨리 맑아진다. 불교식으로는 빨리 깨달을 수 있다는 말씀.

꼭 잘났다는 그 생각이 남에게 속임을 당한다. 아주 보잘 것 없는 지식의 눈을 희번덕일 것이 아니라, 알음알이의 눈을 감아보라. 고요히 자신의 내면을 관조(觀照)해 보라. 그러노라면 진실한 세계에 이르게 될 것(aman)이며, 자신의 모든 것이 이미 이루어져 있음도 알게 될 것이다.

자신을 가장 낮추었을 바로 그때,

가장 높은 경지를 마주할 수 있다.

기도 잘하는 법

내 뇌리에 기도하는 모습이 처음 각인된 것은 아주 어릴 때로 거슬러 올라간다. 1950년대 말쯤이었을 것이다.

메주 콩 삶은 것이 무어 그리 맛있다고 좀 욕심을 내어 많이 먹었나? 자다가 소식이 있어 일어나야만 했다. 혼자 아래채에서 잘 정도로 간이 큰 아이였기에 밤중에 화장실 가는 것쯤이야 뭐 겁나는 일도 아니었다. 통시(해우소, 화장실)가 좀 멀리 있었기에 마루를 내려 더듬거리며 신을 꿰차고 몇 걸음 걷다가 얼어붙

듯 멈춰 섰다. 달빛 아래 장독대에 하얀 귀신(?)이 움직이고 있었던 것이다. 순간 호기심이 당겼다. 그래 이참에 귀신을 만나보자. 살금살금 다가가는데, 이게 뭔 일이람? 귀신이 뭐라고 중얼거리고 있는 것이 아닌가. 더욱 궁금해진 나는 바싹 다가섰는데, 어딘지 낯익은 모습과 체취가 느껴지는 것이었다.

"엄마, 뭐해?"

"응? 깼나! 아무 것도 아이다. 와?"

"통시 갈라꼬…"

"얼렁 가라!"

지금도 나는 그때 엄마 앞 장독대 위, 물에 달을 담고 있는 하얀 사발을 잊을 수 없다.

일곱 살 생일 때였나? 안방에서 정지(부엌)로 바로 통하는 쪽문을 열고 졸랐다. 가난하던 시절, 그것도 시골에서 모처럼 맛있는 냄새가 코를 찌른 지가 오래되었기 때문이다.

"엄마! 언제 묵는데?"

"쫌만 기다리레이~"

엄마는 반질거리는 정지 땅바닥에 작은 상을 하나 차려 놓고 꿇어앉아 손을 부지런히 비비고 계셨다.

"조왕님예! 우리 아들 병 없이 잘 자라게 해 주이소!"

나중에야 나는 알게 되었다. 어머니는 그런 치성을 드리기 전날 밤이나 아니면 이른 아침에 차가운 물로 목욕을 하신다는 것을.

종교적으로 좀 깊이 공부했다는 사람들은 말할 것이다.

"그건 미신이지요."

누가 내 앞에서 그딴 소리를 하면 이빨을 확 뽑아 놓을 것이다. 어머니의 그 절절한 치성은, 치성을 드리는 그 순간 우주로 퍼지면서 나를 감싸고 있던 모든 기운을 맑고 싱그럽게 만들고 있었음을 정말로 먼 훗날에야 알 수 있었다.

경에 이르기를 기도를 성취하기 위해서는 '일심(一心)'으로 독경하거나 염불하면 반드시 이루어진다고 했다. 망상이 없는 마음이라야 하고, 흔들림이 없어야

하고, 오로지 집중된 마음이라야 비로소 기도가 성취
된다는 말씀이다.

"그렇게만 하면 정말 기도가 성취 되나요?"

"참 내, 속고만 사셨나! 아니 해보진 않고 의심만 하
고 있으면 화살처럼 달아나는 세월에 어찌 영험을 경
험하고 가피를 입는단 말씀이요."

누가 지금 어머니와 같은 치성을 드릴 수 있단 말인
가? 그건 탐욕도 미신도 아닌 아주 맑은 정성이었던
것이다. 출가 후 기도하다가 가끔 내 정성이 부족하다
고 느낄 때면, 어린 시절 그런 어머니의 모습을 떠올
렸었다.

내게 가장 지극한 기도의 모습을 보여 주셨던 어머니.

94년 미타사에서 모시고 있을 때의 한때.

방생 그 멋스러움

1978년 여름, 선원에서 안거를 끝내고 스승님께 인사를 여쭈러 갔다.

"자네 마침 잘 왔네. 내일 경주 덕동댐으로 방생 가는데 같이 가세나."

"웬 방생입니까? 이제까지 물고기 방생은 한 번도 안 하시구선."

"응, 부산에 있는 거사들이 무슨 법회를 기획한다면서 지도법사로 모신다기에 허락했지. 나중에 알고 보니 그게 방생법회라는군. 차를 몇십 대 대절했다는데,

어쩌누 이미 진행된 일이니."

"그렇다면 제가 모시고 가겠습니다."

다음 날 부산역 앞에서 난리법석을 떤 후 경주로 출발한 차는 몇 시간 후 덕동댐에 이르렀다. 관광버스의 짐칸에 실렸던 미꾸라지와 물고기를 담은 물통들이 내려졌는데, 아이쿠 이게 웬일이람. 날씨 때문인지 산소부족 때문인지는 몰라도 반은 이미 죽어 있는 것이 아닌가. 나는 스승님을 보며 군말처럼 한마디 했다.

"그래 물고기로 사는 것도 힘들 텐데, 오늘 큰스님 앞에서 몸을 바꿨으니 다음 생은 부디 물고기로는 태어나지 말거라. 스님! 제대로 방생을 하신 것 같습니다."

스승님은 쓴 웃음을 머금으시고 답하셨다.

"그래 그렇군! 부질없는 일을 한 것 같으이."

어느 모임에 갔는데, 그 자리에 있던 스님이 물었다.

"정월인데 개화사에서도 방생하시지요?"

"예, 매양 하는 것이 방생인걸요."

"어디로 가십니까?"

" 개화사에서 하지요."

" 방생하는 연못이라도 있습니까?"

"그럼요! 무량수전이라는 법 연못(法潭-진리의 연못)이 있지요."

"……."

자기 스스로 얽매임에서 벗어나지도 못한 이들이 다른 생명을 방생하는 것이 무슨 영험이 있으랴. 부처님의 품 안에서 모름지기 자신을 방생할 일이 시급하지 않겠는가! 진리의 못에다 미꾸라지 같은 얕은꾀도 풀어놓아 버리고, 피라미 같은 작은 지식도 놓아 버리자. 한번 물면 목이 잘려도 놓을 줄 모르는 자라 같은 집착도 방생하고, 이리저리 잘도 빠져나가는 뱀장어 같은 핑계도 방생하자.

모처럼 만난 부처님의 연못에 그런 것 다 풀어놓지 않고, 기어이 큰 바다를 만나야 하겠소? 무슨 바다냐고? 들어보지도 못하셨나, 고해(苦海)라고! 그 바다 만나서 지혜의 배도 없고 자비의 노도 없다면, 거친 파도를 어찌 할 셈이오? 그때 두려워 살려 달라고 외치지 마시고, 불법(佛法) 만났을 적에 온갖 번뇌에 얽히고설킨 자기 자신을 방생합시다 그려. 한평생 자유롭게 살아도 그리 길지도 않은 세월인 것을!

"그럼 이전의 방생은 잘못된 것이우?"

"그럴 리가 있나요. 이왕 하는 것이니 자기 자신도 해탈시키고 다른 이들도 깨닫게 하는 최상승(最上乘)의 방생에 한층 더 애쓰자는 것이지요."

"그럼, 지금까지 했던 방생 계속해도 되우?"

"물고기건 새건 짐승이건 간에 그 환경 등을 고려해서 살리려 애쓰는 분들이 매우 많답니다. 그런 방생은 너무나 훌륭한 것이지요. 그런 이들 만나면 적극 동참해서 같이 해야지요. 아참! 천재지변이 일어난 곳에 구호금 보내는 것도 잊지 마시구려! 아주 조용히 남모르게."

참된 방생은 일체의 마라(魔羅-번뇌)로부터

자신을 방생시켜 해탈에 이르는 것.

— 부처님께서 마군을 항복받으심.

달집태우기

1950년대의 정월 대보름날은 동네가 하루 종일 분주했다. 매구놀이(집집마다 돌며 하는 지신밟기)도 막바지에 이르고, 달집을 만드느라 남녀노소 시끌벅적했다.

우리 동네 달집은 에스키모 이글루 비슷했다. 솔가지를 잔뜩 꺾어다가 논 가운데 쌓아놓고는, 큰 대를 몇 개 잘라다 가운데에 턱 세운다. 다음엔 짚단을 엄청 많이 쌓고, 새끼로 칭칭 감아서 단단하게 반구형의 달집을 만든다. 동쪽에는 불을 넣을 수 있는 입을 하나 뻥 뚫어 놓고. 그러고 보니 어째 범부들 살림살이 만드는 것과 비슷하다.

해가 지기 시작하면 동네 사람들이 남김없이 나와서 달집 주위에 모이고, 아낙네들과 아이들 일부와 남자 몇은 뒷산에 올라 달님이 동쪽 산위로 얼굴 내밀길 기다렸다. 이윽고 뒷산 제일 높은 곳에 있던 사내의 외침이 온 동네를 울린다.

"달님이요!"

달집을 지키고 있던 사람들은 동쪽을 향해 절을 올리고, 동네의 어르신이 달집의 문에다 불을 넣는다. 곧 이어 불집은 불기둥이 되고, 사람들은 소원이 적힌 종이를 던져 넣는다. 사람들은 그 달집이 다 사그라질 때까지 경건한 마음으로 손을 비비며 소원을 빌고, 그 사이 달은 휘영청 떠오른다.

어린 시절 매년 봐왔던 이 달집태우기는 그저 모든 사람들의 소원을 비는 행위로만 알았었다. 허참! 출가하고 한참 지나서야 그 숨은 뜻을 이해할 수 있었다니, 쯧쯧.

출가 이전부터 시작되어 참 오래 답답했던 내 존재와 교학에 대한 의심에서 완전히 벗어날 수 있었던 것은 1984년 냉방의 기숙사였다. 억지로 떼를 쓰다시피 매년 혼자 남았던 겨울방학의 기숙사, 새벽 2시경 냉기를 면하려 커놓은 석유난로의 냄새로 머리가 아파서 서쪽으로 난 창을 열었다. 뒷산은 온통 눈으로 하얗고, 하늘엔 정월 보름달이 떠 있었다. 둥글고 푸르른 한겨울의 보름달은 넋을 빼놓기에 충분했다. 한 시간 가량 달빛에 취했다가 문득 고개를 떨어뜨려 책상 위의 법화경을 보니, 경은 사라지고 빛이 쏟아져 나왔다. 그때 비로소 나는 모든 의심에서 벗어날 수 있었다. 아무도 내 공부를 방해하지 않았는데, 괜스레 내 그림자에 가려 의심하며 헤맸던 것이다.

달빛은 깨달음의 지혜를 상징한다. 물론 그 지혜는 모든 이들이 본래 갖추고 있는 것이다.

나옹스님의 멋들어진 시를 소개한다.

격쇄허공무내외(擊碎虛空無內外)

일진불립로당당(一塵不立露堂堂)

번신직투위엄후(翻身直透威嚴後)

만월한광조파상(滿月寒光照破床)

허공을 쳐부수니 안과 밖이 따로 없어,

먼지 하나 없이 본래 모습 드러났네.

몸 한 번 뒤치니 곧바로 여래의 경지,

둥근달 차가운 빛 부서진 평상 비추네.

　달집태우기는 아마도 고승이나 매우 지혜로운 이가 창안해 내었을 것이다. 본래 각자에게 부족함이 없는 보름달 같은 지혜가 있건만, '나'라는 집에다 가두어 버림으로 해서 그 빛을 잃고 있는 것이다. 그러니 달을 가두고 있는 자기중심적인 달집(我執)을 태워 달을 자유롭게 해야 하지 않겠는가? 허공처럼 걸림 없는 지혜를 자유자재로 발휘하려면 모름지기 가짜 자기를 태워버려야 할 것이다.

　달은 본래 둥글지만 그림자에 가려서 때론 작게 보이기도 하고, 그림자에 가리지 않으면 크게도 보인다. 그 달의 그림자는 바로 우리가 서있는 이 지구가 만들어 낸 것이다. 우리의 본성도 본디 이지러짐 없지만 아집에 의해 많이 가렸으면 어리석다고 하고, 덜 가리면 지혜롭다고 하며, 완전히 벗어나면 깨달았다고 표현할 뿐이다.

달집을 태우는 것은 결국 자신에게 있는

어둠을 태우는 행위이다.

참 멋진 벗

2010년 2월 23일. 오후 세 시경 전화를 걸었다.

"신부님! 시간 괜찮으시면 다섯 시경 오셔서 차 드시다가 오늘 모임에 가시죠?"

"아주 좋습니다."

6시에 종교지도자 모임이 있던 날이었다. 설도 지나고 했으니, 차라도 한잔 하면서 한담을 나누다가 같이 가자는 뜻을 전한 것인데, 흔쾌히 오시겠다고 한 것이다.

집무실에 들어서는 라이문도신부님이 쇼핑백을 내미셨다.

"전에 말씀하셨던 것에 대해 약속을 지킬 수 있어 기쁩니다."

"언제 약속을 했던가요?"

"열어 보십시오. 마침 구할 수 있어 얼마나 다행인지 모르겠습니다."

쇼핑백에 든 박스를 꺼냈더니 영어로 상표가 있고, 스페인어 표시가 있었다. 그래도 내 기억은 백지였다. 조심스레 박스를 열었다. 그 순간 내 입에서는 탄성이 절로 터져 나왔다.

"아하! 저는 잊고 있었습니다."

지난번 사제관을 방문했을 때, 책장에 모셔져 있던 도자기로 된 성상(聖像)을 보고는 그 절제미에 감탄을 하며 지나가는 말로 청을 했던 말이 그제야 생각났다.

"저에게도 구해주실 수 있겠습니까? 제 방에 모시고 싶습니다."

그리고는 잊었다. 그게 본래 내 스타일이니 어쩌랴. 뿐만 아니라 그 성상이 그저 국내에서 구할 수 있으려니 하며 했던 말이었다. 그런데 받아서 아래쪽을 보니 스페인의 유명한 예술가가 만든 것이었다.

"스페인에다 요청한 것입니까?"

"네, 그쪽 형편을 몰라서 조마조마 했습니다. 더 이상 만들지 않으면 어쩔 도리가 없으니까요."

날짜가 얼마 지나지 않았는데도 구한 것을 보면 얼마나 애썼는지를 알고도 남을 일.

처음 사제관에 초대 받았을 때, 신부님은 전자오르간 앞에 앉으셨다. 그리고는 바흐의 토카타와 푸가를 연주하기 시작했다. 파이프오르간으로 연주하는 웅장함을 대신할 순 없으나 흉내는 낼 수 있으리라고 생각하며 들여놓았다는 전자오르간의 음향은 너무나 깊었다. 그것은 오르간의 깊이가 아니라 신부님의 깊이 때문이었다.

연주를 마친 신부님은 겸연쩍은 듯 말씀하셨다.

"최고의 감상을 하기에는 미흡할 것입니다."

나는 그저 조용히 미소로 답했었다.

개화사를 방문하여 차를 마실 때 신부님이 다도에 대한 설명을 부탁했다.

"그냥 편하게 마시면 됩니다. 불편한 것은 도라고 할 수 없지요."

"그래도 어떻게 받아들여야 할지는 가르쳐 주셔야 차가 아깝지 않을 것 같은데요!"

"차가 백년쯤 되었으니 그 세월을 느껴 보시지요. 몸과 마음을 다 열어버리면 차가 제 스스로 모습을 드러내고 얘기를 할 것입니다."

그런데 보이차를 처음 접한다는 신부님이 차 마신 느낌을 얘기하는 것이 예사롭지 않다. 어쩌다 수년에 한두 사람 그런 경지에 이른 이를 만나긴 했지만, 이렇게 빠를 수가……? 더 이상 내가 설명할 필요를 느끼지 않았다.

나는 속으로 생각했다. 공자님이 말씀하신 '멀리서 벗이 찾아오니 또한 기쁘지 않은가!'라는 것이 바로 이런 것이로구나.

마음이 통한다면 그 모양과 처한 신분이 문제될 것이 없다.

신부님이 방문한 날.

출가하던 즈음의 풍경

가슴이 터질 것 같은 답답한 마음으로, 잎이 지던 가을날 휘적거리며 산을 오르고 있었다. 발밑의 오솔길은 마치 내 마음처럼 낙엽에 덮여 겨우겨우 사람의 흔적을 찾을 수 있는, 참 얄궂은 날이었다.

열여섯에 발 들여놓은 불문(佛門), 그동안 수많은 선지식의 은혜를 입어 서푼어치 공력이 쌓였다고 얼마나 설치고 다녔던가. 그러던 어느 순간 화두병(話頭病)에 걸리고 말았다. 밥맛도 사라지고 돈 쓰는 재미와 사람 만나는 재미도 사라져 버린 그날 이후로 나는 더 이상 살아있는 사람이 아니었다.

오래 공부했다는 자부심도 사라지고, 만나던 이들마다 설복시키던 논리와 지식도 부질없어져 버린 지 어언 삼 년이었다. 몸과 마음을 조여 오는 문 없는 무쇠궤짝에 갇혀, 밤마다 피를 철철 흘리며 어둠 속에 살쾡이 눈으로 노려봤건만 어느 곳에도 빛 한 점 없었다. 정말 물도 넘어 가지 않던 날, 나는 이렇게 죽을 수 없다는 몸부림으로 스승님을 떠올렸다. 그리곤 돌아올 기약 없는 길을 나섰던 것이다.

이마에 닿을 것 같은 바위를 돌아 중턱에 오르자, 눈앞에 갑자기 섬광이 번쩍였다. 삼년간 뵙지 못했던 스승님이 내려오고 계셨다. 반가움에 울컥 치솟는 눈물을 삼키며 땅바닥에서 삼배를 올렸더니, 예전의 그 호탕한 웃음소리와 정겨운 말투가 등을 어루만졌다.

"어쩐 일이우, 이 산중에?"

"스님 밑에 살러 왔습니다."

그러자 그동안 머릿속의 지식으로 잘난 체한 것을 지켜보셨던 스승님의 쓰디쓴 경책이 날아들었다.

"허! 자네는 출가하지 않아도 공부 잘할 수 있을 텐데 뭘."

다시 삼배를 올리며 속내를 보여드렸다.

"막혔습니다."

"그래?"

스승님의 뒤를 따라 30리길을 걸어 들어선 읍내시장, 스승님께서는 씨감자 한 말을 사시더니 돌아보며 말씀하셨다.

"내년에는 감자 농사가 잘될 걸세. 짊어지고 올라가게!"

스승님은 외지로 법문 떠나시고, 나는 씨감자 한 말과 어둠을 짊어진 채 암자로 올랐다.

눈멀고 귀먹고 벙어리 되어, 나무하고 농사짓고 공양주하며 기도하길 몇 개월 후엔 정말 감자 농사가 잘되었었다. 이윽고 무쇠궤짝 사라지던 날, 귀에는 새노래 들리고 눈에는 저녁노을과 만발한 꽃이 가득하였다.

눈 감고 있거나 뜨고 있거나 스승님 파안대소(破顔

大笑)하시던 웃음소리와 그 환한 모습이 입적하신 지 오랜 지금도 바로 곁에 있다.

1996년 생신 때 제자들이 마련한 축하 케이크를

받으시고 웃으시던 스승님의 모습.

바흐를 아시나요

차를 마실 때는 대부분 음악을 틀어놓기에 가끔 질문을 받게 된다.

"누구의 음악을 많이 듣나요?" "바흐!"

"유명한 작곡가들 많잖아요. 왜 하필?"

"학창시절에는 기암괴석 절경의 금강산 같은 모차르트 음악이 좋았었지. 또 출가하기 직전에는 웅혼한 백두산 같은 베토벤 음악이 좋아지더군. 그런데 출가생활을 하면서는 만주벌판 같은 바흐 음악이 좋더구먼."

물론 이것은 음악에 대해서 개뿔도 모르는 순수한

아마추어인 내 개인의 취향일 뿐이다.

만주벌판을 걸어보라. 뭐 꼭 만주벌판 아니라도 끝 없는 사막이나 평원에서 하루쯤 걸어보라. 도무지 끝 간 데를 모르는 그 지루하기 짝이 없는 벌판에서 대 체 무슨 재미를 느낄 수 있으랴. 고등학교 시절 바흐 의 음악을 들으면서 내 느낌이 꼭 그랬다. 그런데 참 희한한 것이 나이 들수록 그게 좋아지더라는 말이지. 그런데 음악을 업으로 삼는 이들도 그런가 보다. 점차 원숙한 경지가 되면 하나같이 바흐음악을 연주한다고 야단이다. 그뿐인가, 나름 음악에 미쳤다는 사람들이 가장 좋아하는 것이 또 바흐란다.

음악마니아들에게 물었다. 무인도에 가면서 딱 한 장 의 음반을 가져간다면 어떤 음반인가? 그랬더니 1위가 바흐의 골드베르크 변주곡이었다. 말 그대로 하나의 주제를 계속 바꿔 연주하는 곡인데, 청소년들이 들으 면 하품깨나 할 작품이다. 그런데 놀랍게도 이 곡은 엄 청난 버전으로 연주된다. 피아노나 하프시코드솔로로 연주하게 만들어졌지만 현악기로 연주되기도 한다. 뿐만 아니라 실내악 버전도 많고, 더욱 놀라운 것은 재즈 버전이 가장 많은 곡이기도 하다. 약 300년 전쯤에 만들어진 곡이 오늘 재즈뮤지션들이 가장 좋아하는 음악이 될 수 있다니 놀랍지 아니한가? 이 곡을 만나면 연주가들도 자유를 느끼나 보다. 그 연주 속도가 아주 빠른 것도 있고 아주 느린 것도 있어서 제각각이다.

수많은 버전 중에서 내 취향을 고르라면, 피아노로 다소 느리게 연주하는 스타일이다. 그게 아무래도 바흐답다고 생각되기에…….

불교를 처음 공부하는 사람들은 뭔가 신나는 체험을 하고 싶어 한다. 물론 열심히 노력하노라면 예상치 못했던 기이한 현상을 체험하기도 한다. 그렇다고 너무 떠벌일 것은 아니다. 초보자라는 것이 너무 티 나니까.

불교 공부하는 것을 남에게 확실히 알리기 위해서는 그저 좌선이 최고다. 우선 폼 나지 않는가. 그래서 남들 따라 다리를 꼬고 앉아 본다. 그런데 이게 도대체 무슨 맛이 있어야지. 그래서 좀 용을 써보다가 옆길로 새고 만다.

요즘에 참 별별 명상이 많다. 깨달음은 고사하고 본래의 선정과도 영 거리가 먼 이상한 현상들을 체험케 하면서 또 거기다가 나름대로 별별 자격까지 다 매겨 두었다. 아! 제대로 수행하는 단체는 여기에 해당되지 않으니 오해는 말도록.

벗이여! 이상야릇한 것은 불교와 거리가 먼 것이라네. 그러니 맛이 없는 옛날의 그 길로 계속 가게나. 허허벌판에서 문득 오묘한 삼매가 나타나리니 부디 옆길로 새지 말게. 바흐의 음악이 300년이 지난 지금 빛나듯이, 부처님의 일행삼매(一行三昧)는 2500년 동안 쉼 없이 고수들에 의해 연주되고 있지 아니한가.

나는 오늘도 너무 오래되어 줄이 다 끊어진 피아노 앞에 앉아, 저 혼자 울리는 밋밋하나 바다 같이 깊은 바흐의 음악을 듣는다. 뭐, 돈 드는 일 아니니 그대도 한번 해 보시구려! 그러다 보면 음악은 사라지고 허공처럼 텅 빈 세계가 나타나리니. 누군가 참 멋진 표현을 했더군.

"텅 빈 충만!"

"진공묘유(眞空妙有)!"

1994년 9월 발리섬에서 구입한 목각상.

매일 혼자 앉아 이 아이들이 연주하는

천진곡(天眞曲)을 듣는다.

그들만의 세상

어른들은 점차 쓸쓸해지기 시작했다. 뭐, 어딜 가도 어른이라고 알아주지도 않는다. 완력으로 해 보려 해도 돌연변이처럼 커져버린 아이들인지라, 이미 십대만 되면 감당이 안 된다. 그렇다고 대대로 전해진 특정한 지식으로 큰기침 할라치면 애들이 피식 웃고 만다. 인터넷을 통해 다 알고 있거나 금방 알 수 있다고 생각하기 때문이다. 게다가 말 한 마디면 부모가 뭐든 갖다 바치지 않는가. 어른 존중하는 법 배우던 인성교육이 실종된 오늘, 어른들이 대접받기는 애당초 틀려 먹은 현실이 되고 만 것이다. 물론 이 상태로 흘러간다면 지금의 아이들이 어른이 되었을 때는 훨씬 더 심각해져 있을 것이다.

이미 수직적 관계는 깨어져 버린 지 오래다. 잘 알려진 시장이나 백화점의 매출보다 어디에 매점이 있는지도 모를 인터넷 쇼핑몰이 훨씬 장사를 잘하는 세상이다. 앉아서 모든 가격을 비교하고 특징까지 다 알아버리기 때문이다. 물론 가끔 자기 생각과 다를 수도 있지만 그 정도야 참을 수 있다. 이처럼 전 세계가 인터넷으로 수평적 연결이 되고 있다. 사람들은 이제 정해진 하나의 정보를 익히기 위해 애쓰지 않는다. 모든 정보가 공유되는 새로운 세상이 열렸기 때문이다.

그런데 이런 것과는 상관없이 살기를 고집하는 이들이 아직도 많다. 부질없이 나이만 먹어버린 나 같은 사람도 이 그룹에 속할 것 같다. 그래서 누가 강요하진 않지만 나만의 고집에 빠지지 않으려고 냅다 노력하고 있다. 뭐 뒤쳐진다고 불안하거나 해서는 아니다. 이미 우리는 개울도 아니고 강도 아닌 바다에 이르고 있기 때문이다. 바다에서는 오대산 청정수라고 어깨에 힘을 줘도 부질없고, 도도히 흘러온 갠지스강물이라고 외쳐봐야 소용이 없다. 그러니 바닷물임을 빨리 알아채야 한다. 다시 말해 모든 물이 다 나와 같음을 알아야 한다는 것이다. 아, 해변의 오염된 물과 심해의 맑은 물이라는 차이는 있지만, 그것도 영원하고 불변의 상태는 아니다.

그럼에도 바다에서 자기끼리만 몸싸움하는 그룹이 있다. 그게 누굴까? 굳이 언급하지 않아도 알만한 이들은 다 알고 있을 터이니 생략하도록 하자. 종교집단은 어떠냐고? 그곳도 물론 예외일 수 없다.

이 그룹들은 눈도 귀도 없는 것처럼 행동한다. 누가 뭐래도 아랑곳이 없다. 그저 자기들만의 경쟁에서 이기면 된다고 여기는 모양이다. 똘똘 뭉쳐라, 흩어지면 진다. 이미 세상은 저만치 앞서가는데, 그 뒷자락을 부여잡고 최신 모델인 것처럼 익히라고 한다.

부처님께서는 활동하기 정말 어려웠던 우기(雨期)를 제외하고는 모이라는 말씀을 거의 하시지 않았다. 제

몸 하나 주체 못하는 초보자를 제외하고는 흩어져 사람들을 만나라고 하셨다. 그러면서 수행하고 자신을 살피라고 하신 것이다. 왜 그러셨을까?

모든 힘이 결집되어 있었던 옛날의 거대 종교집단은 이제 대부분 화석처럼 세계 속에 그 흔적만을 볼 수 있을 뿐이다. 그런데도 거대 집단을 꿈꾼다면 중세로 돌아가려는 꿈과도 같다. 헛된 꿈은 빨리 깨야 지혜로워진다. 다보탑과 석가탑은 분명 훌륭한 정신적 상징이지만, 형상 없는 무수한 탑들이 뒤를 잇지 않는다면 한낱 문화재일 뿐이다.

장자가 말했던가. 비록 진흙탕에 기어 다닐지라도 죽은 거북이가 되어 점치는 물건으로 대접받지는 않겠다고. 대접받으려면 목숨을 내 놓아야 한다는 뜻인가? 허어 참! 그래도 대접받는 게 매력적으로 보이나 보다. 그러니 일단 이기려고 한다. 그리고는 황금의 궤짝 속으로 들어간다. 제 발로 걸어서. 그리곤 땅을 치며 뒤늦은 후회를 한다.

그러니 이것만은 잊지 말자. 황금의 관 속에 있는 미

이라가 괴이하긴 해도, 결코 부러움의 대상이 될 수는 없는 것 아닌가!

한때 세계에서 가장 훌륭했던

인도 나알란다(Nālandā) 불교대학의 유적.

제
15
화

아, 저 꽃나무를 어쩌랴!

봄을 맞이한다는 것은 참 좋은 일이다. 하긴 어느 계절인들 좋지 않은 게 있으랴. 그래도 생명들의 새로운 움직임이 뚜렷하게 보이는 것이 봄의 특징인지라, 사람들도 덩달아 활기차 보인다.

내 좁은 뜰에도 열흘 전쯤 산수유가 그 순수한 노랑을 수줍게 드러내기 시작하더니, 이삼일 전부터는 살구꽃이 처녀의 볼보다 더 고운 빛으로 뜰의 찬바람을 몰아내고 있다. 겨우내 아무 보호시설도 해 주지 않았건만 잎도 돋기 전에 꽃부터 피우는 모습이 너무나 대견스럽고, 내가 외려 배울 점이 많다.

세상에 어찌 좋은 일만 있으랴! 요즘 집무실을 오갈 때마다 참으로 안타깝다. 겨울 동안 선방(禪房)에 있던 화분들이 나왔는데, 잘 적응이 안 되는지 여린 잎들이 시들더니, 이제는 아예 가지가 통째로 마르고 있는 것이다. 선방에서 간접 햇빛만 받고 겨울을 난 꽃나무는 새벽의 추위를 견디지 못했다. 뿐만 아니라 밝은 햇빛도 너무 눈부셔했고, 한낮의 햇볕에는 너무 강하다며 고개를 푹 숙였다. 그렇다고 다시 방에 넣으면 여름이 더 문제가 될 것이 뻔했기에 그냥 두었더니, 결국은 예상했던 것처럼 되고 말았다.

지난해 늦가을 법당 앞의 화분이 사라졌기에 정원을 손질하는 조경회사 온실로 옮겼나 생각했었다. 예전에 이미 그렇게 지시했었고, 몇 년을 그렇게 해 왔었기 때문. 그런데 다음 날 그 화분들이 선방에 있는 것이 아닌가! 당장 관리책임자를 찾았으나 마침 다른 일로 자리를 비우고 없었다. 순간 그 이치를 몸소 깨우쳐주자는 생각이 들었다. 꽃나무에게는 참 모진 일이 되겠지만, 그렇다고 완전히 죽지는 않을 터이다. 매년 잔소리를 하는 것이 내 성격에도 맞질 않지만, 책임자도 직접 눈앞에서 벌어진 상황을 보게 해야겠다는 생각이었던 셈. 설명을 들을 때엔 이해한 듯했지만, 지시와는 달리 선방에 넣은 것은 생명의 순환원리를 터득하지 못한 때문이리라.

겨울이 지나고 봄이 되니 내 예상은 참혹하리만치 정확하게 현실로 나타났다. 화분이 뜰에 나온 지 이틀 후, 꽃망울이 말라비틀어지는데도 관리책임자는 상황 파악을 못한 듯했다. 다시 이틀 후에는 새잎이 말라 들어갔다. 그리고 일주일 후 나는 책임자를 불러 상황을 설명해 주고는, 다시는 선방에서 겨울을 나게 하지 말라고 간곡하게 말했다.

이 꽃나무의 모습을 사람들에게 보여주고 싶다. 설명을 듣고 단순히 머리로 이해하는 것과 이치를 깨닫고 삶을 바꾸는 것의 차이를 보여줄 수 있는 듯하기에…. 부처님의 가르침이야 더 이상 말할 것도 없겠지만, 아주 현실적인 일상을 되짚어보자는 것. 자식에 대한 무조건적인 보호가 결국 어떤 결과를 불러일으키는지를 눈앞에 꽃나무가 적나라하게 보여주지 않는가!

관리책임자가 내게 말했었다.

"선방에서는 꽃망울도 일찍 돋고 싱싱했었는데요."

그거야 당연한 말씀. 온도 조절해주지, 간접햇빛이 적당히 있지, 누가 봐도 방 안에서야 싱싱하지 않겠는가. 문제는 다섯 달 가량 그 상태로 있다 보면 온도와 빛과 열기에 대한 적응력이 사라져버린다는 사실. 뜰의 철쭉이 겨울의 모든 변화에 적응했었기에 멋진 꽃을 피울 수 있는 것 아니겠는가!

오늘 우리의 청소년들을 보면 지난 겨울 선방에 있었던 화분의 철쭉처럼 보인다. 철쭉이야 올 한 해 꽃을 못 보겠지만, 새 가지 돋고 새 꽃망울 튼실하게 맺힌 내년엔 멋진 꽃을 볼 수도 있으리라. 허나 과연 아직도 부모의 품속에서 화초처럼 보호받는 청소년들이 사회에 나왔을 때도 보호받을 수 있으려나.

뻔히 알고 한 일인데도 마른 꽃나무 보는 내 가슴은 오늘도 아리다.

이 연꽃은 제 할 일을 다 하고

이제 연실을 영글게 하려 한다.

무엇이든지 이래야 하지 않겠는가.

제
16
화

맨손으로 등 만들기

1968년 1월 특별 계획 수립.

제목 – 초파일 제등행렬에 참석할 때 사용할 등 만들기.

수량 및 종류 – 팔각등과 연등으로 300개

기간 및 방법 – 음력으로 1월~4월에 걸쳐 방과 후나 주말 이용.

불교학생회의 게시판에 공지되었던 내용이다. 간부들은 수업이 일찍 끝나는 방과 후와 주말을 활용하여 제등행렬에 들고 나갈 등을 만들기로 하고 작업에 들어갔다. 아무도 가르쳐주지 않는 이 일을 우리는 머리를 맞대며 의논했고, 결국 이루어 냈었다.

　가장 먼저 해결할 일은 등살을 만드는 일. 제작된 제품이 없었기에 100% 수제품을 만들어야 하는 입장이었다. 먼저 등의 크기를 정한 후, 거기에 맞는 등살 제작에 들어갔다. 철물상에 가서 적당한 굵기의 철사를 샀다. 다음엔 판자에 철사를 끼울 수 있도록 못 두 개를 붙여 박는다. 그리고 다시 등의 한 변이 될 간격만큼 띄워 또 못 두 개를 붙여 박는다. 다음으로는 철사를 펴서 못과 못 사이에 끼워 꺾는다. 여덟 번을 꺾은 후 양끝을 겹쳐 가는 철사로 감고, 그 위에 한지로 띠를 만들어 풀로 다시 감으면 팔각형의 살이 하나 만들어진다. 이 살을 여섯 개 만들어 세로로 네 개 가로로 두 개를 얽어 꺾인 부분들을 가는 철사와 한지 띠로 고정시키면 팔각형 등살 하나가 만들어지게 된다. 이 작업이 다 끝날 때면 이미 손은 노동자의 손이 되고 만다.

　등살이 만들어지면 다음은 팔각등이냐 연등이냐에 따라 종이 재단에 들어가야 한다.

우선 팔각등은 백등과 셀로판지등으로 나뉘는데, 셀로판지등이란 색색의 셀로판지를 잘라 강력접착 풀로 등살에 바르고 등꼬리와 매미를 만들어 붙이면 된다.

다음 백등은 한지가 비싸기에 생각해낸 것으로, 좀 질긴 종이를 사서 등 크기로 잘라 붙이고 꼬리와 매미를 붙인다. 그대로는 너무 단순하기에 색종이를 사서 무늬를 오려 4면 또는 8면에 붙인다. 다른 방법은 색 잉크나 물감으로 붓글씨를 쓰는 방법인데, '축불탄일(祝佛誕日)'이라고 한자로 쓰는 것이다. 그 붓글씨는 내 몫이었다.

연등의 제작은 참 고난의 길이었다. 속지까지는 앞의 백등과 동일한데, 연잎을 만드는 것이 문제였던 것. 재료구입을 위해 국제시장 지물포가 모여 있는 상가로 간다. 연잎용은 얇은 색지를 사야 하는데, 몇 가지 색지를 큰 원지로 사 와서 작은 직사각형으로 자른다. 그것을 열 장 정도 맥주병에 대고 낚싯줄로 촘촘한 간격으로 힘껏 감는다. 이 작업을 오래 하면 작업용 장갑을 끼어도 새끼손가락 바깥쪽이 파이므로 하루에 많은 작업을 하기 어렵다. 맥주병에 감긴 종이를 위아래를 압축하면 요즘 제품으로 나오는 형태가 이루어진다. 낚싯줄을 풀어내고 연잎을 한 장씩 분리시킨다. 다음 작업은 요즘 하는 것과 동일하다.

이 모든 작업의 총감독은 내 몫이었다. 말이 총감독이지 솔선수범해야 하는 작업이었다. 그래도 약 4개월 동안 진행되는 이 작업을 통해 우리는 형제보다도 더 가까워졌다. 그때는 제등행렬을 초파일 당일 저녁에 했다. 구덕운동장에서 부산역 광장까지 가는 제등행렬에서 우리는 직접 제작한 등을 들고 고생한 만큼 성숙된 신심으로 즐겁게 석가모니불을 외쳤다.

지금도 생각나는 장면 하나. 연잎을 비비고 붙일 때쯤이면 손가락은 물론 손톱까지 메니큐어를 칠한 듯했는데, 버스에서 만나는 예쁜 여학생들이 입을 막고 쿡쿡거리며 웃곤 했다.

지내놓고 보니 그때 나는 등만 만들고 있었던 것이 아니었다. 맨손으로 이 세상 어디에서도 살아남을 용기와 지혜를 제작하고 있었던 셈이다.

참 아름다운 젊은 날의 추억이며 내 삶의 지워지지 않는 동영상이니, 부처님의 은혜에 감사하는 마음이다.

이 세상에서 하찮은 일은 하나도 없다.

모두가 행복을 만드는 일이기에.

– 연잎 비비기. 2013년 촬영.

도사님 오십니까!

"아이고, 도사님 오십니까?"

담임선생님의 심부름으로 교무실로 들어서는데, 교감선생님께서 웃으시며 농을 거셨다. 초파일 그 다음 날이었다. 교감선생님은 손에 신문을 드신 채로 날 불렀다.

"여기 이 사진이 우리 도사님 맞지?"

신문 제1면에 초파일 제등행렬 컬러 사진이 실렸는데, 선두에 무개차를 탄 내 사진이 클로즈업되어 있었다. 교복을 입고 교모까지 썼으니 발뺌할 수도 없었다. 그 이후로 학교에서의 내 별명은 '도사님'이었다.

초파일을 한 달 앞두고 부산불교연합회에서 초파일 제등행렬 준비위원회 회의를 열었는데, 학생회 대표로 나갔더니 사무국장님이 날 지목해서 부탁을 했다.

"초파일 1주일 전부터 제등행렬 홍보로 가두방송을 하기로 했는데, 방과 후와 토요일 일요일 동안 초연거사(超然-당시 법명)가 좀 맡아주지?"

지금이라면 소음공해라며 고발을 당할 수도 있을 것이다. 특히 다른 종교를 믿는 이들이 인터넷에 동영상까지 올리며 시끌벅적해질 수 있는 일이지만, 아무튼 그때는 그럴 수 있었다.

당시 부산에는 부산시장보다도 더 유명한 인물이 있었다. '백차할배'로 통하는 할아버지가 계셨다. 장식도 멋있는 하얀 복장에다 허연 수염을 휘날리며 흰색 지프를 몰고 다니셨고, 출퇴근 시간이면 아주 복잡한 곳에서 그 멋진 모습으로 오랫동안 교통정리를 하신 분이셨다. 그 지프라는 것이 보통은 지붕을 내리고 무개차로 다녔기 때문에, 부산시민이라면 누구나 한번쯤은 타보고 싶어 했던 차다. 바로 이 할배가 모는 무개차를 타고 앞뒤로 나팔처럼 생긴 '혼 스피커'를 네 개나 달고는 가두방송을 하였던 것이다. "부산시민 여러분 안녕하십니까? 오는 OO일은 부처님께서 이 땅에 오신 날입니다."로 시작되는 원고도 없는 방송을 몇 시간씩 하고 돌아다녔었다. 그 광경만으로도 '백차를 타고 방송하는 학생'이 도대체 누군지가 관심사가 되었던 것. 그래서였을 것이다. 초파일 다음 날 드디어 '방송한 학생'이 신문의 톱을 장식하며 모습을 드러냈던 것이다. 그러니 졸지에 부산의 유명인물이 될 뻔했었다.

그러나 내겐 40여 년이 지난 지금까지 그 백차사건보다 더 선명한 영상이 있다. 초파일 저녁 자정을 넘긴 시간, 나는 홀로 용두산 공원 아래쪽 대각사 마당에 앉아 있었다. 불과 몇 시간 전까지 제등행렬 선두에서 무개차를 타고 쉬어가는 목소리로 부처님 오심을 찬탄하고 있었는데, 자정을 넘기면서 웬일인지 가슴이 텅 비어 있었다. 사람들은 모두 피로한 모습으로 귀가를 했고, 스님들도 방에 들어간 지 오래였다. 연등의 초도 타닥거리며 하나둘 제 할 일 다 했다는 듯 어둠 속으로 빛을 감추기 시작했다.

옷 속으로 파고드는 쌀쌀함을 친구삼아 차가운 돌에 걸터앉은 채, 나는 내 존재를 생각하고 있었다.

'나는 오늘 도대체 무얼 하고 있었지? 몇 시간이나 거리가 떠나갈 듯 부처님을 불렀는데, 지금 부처님은 어디 계신단 말인가? 지금쯤 내게 무슨 징표라도 보여주셔야 하는 것 아닐까?'

그 의심은 계속 짙어졌고, 나는 새벽 도량석 목탁소리가 날 때까지 옷깃이 다 젖도록 울고 있었다.

출가 후 처음 산사에서 맞은 초파일 저녁, 자정 무렵이 되자 웬일인지 똑같은 상황이 벌어졌다. 사위어가는 등불들을 지키며 나는 하염없이 울고 있었다. 그러다 문득 깨달았다.

'아! 그때 대각사 마당에서 눈물을 흘리게 된 것이 바로 부처님께서 징표를 보여주신 것이로구나!'

나는 그 이후로 다시는 초파일 저녁 울지 않아도 되었다.

미타사 시절 직접 설계하여 만든 탑등으로

봉축행사에서 1등을 하였다.

제
18
화

먼지 속으로 들어감

봄이 되면 세상 모든 것이 들뜨기 시작한다. 꽃은 끝내 참지 못하고 속내를 드러내 보이고, 사람들도 치마나 셔츠에 들뜬 봄이 나풀거리게 한다. 대지마저도 들뜨다 못해 황사 가득 하늘로 피어오른다.

중요한 일이 있다고 모이자는 말에 들린 호텔, 물기오르기 시작한 잔디밭을 연인들이 먼지에 코를 연신훔치면서도 데이트를 즐긴다. 회의를 마치고 나서려하니 갑작스레 빗방울이 떨어진다. 잠시 로비에서 걸음을 멈추고 얘기를 나누는데, 황급히 뛰어드는 연인

먼지 속으로 들어감　105

들. 아하, 이를 어째? 아가씨들의 그 예쁜 파스텔 톤 옷들에 온통 누런 얼룩이 무늬를 만들어 버렸다. 데이트를 즐기던 때의 화사한 미소도 사라져 버린 그 후 줄근한 모습이 측은하다.

저 황사는 머나먼 사막과 황토고원에서 왔겠지? 바람의 위력이 참으로 대단하다. 서울 하늘을 이렇게 뒤덮을 정도의 부진(浮塵-떠다니는 먼지)이라면 발원지 가까이의 모래폭풍은 어떠했을까? 언젠가 모래폭풍으로 가축들이 모래에 묻혀 폐사했다는 뉴스를 본 것 같다. 가장 피해가 심한 중국에서 왜 고심을 하지 않겠는가. 나무도 심어보고 댐을 만들어 수리사업도 해 보지만 역부족인 듯하다. 하긴 곧바로 이익을 내는 일도 아니니, 농사짓는 밭이나 과수원으로 물을 보내야겠지. 그나저나 생계를 위협받는 수많은 사람들의 소식이 참 안타깝기만 하다.

어린 시절 불교공부를 하며 이해되지 않는 용어들이 참 많았다. 화광동진(和光同塵)이라는 말도 그랬다. 부처님께서 중생을 교화하신 것을 비유로 든 내용이었는데, 도대체 이해가 되지 않았던 것. 그러던 어느 날 펼쳐 든 노자 『도덕경』에서 문득 눈에 들어오는 구절이 있었다.

화기광(和其光) 동기진(同其塵)

지혜의 빛을 부드럽게 하고 티끌세상과 함께 한다.

그땐 안개 낀 강 건너 풍경을 보는 듯 흐릿했다. 강원생활을 하던 중에 영명 연수(永明延壽)선사의 『유심결(唯心訣)』을 접하게 되었다.

취일진이비합(聚一塵而非合)

산중찰이비분(散衆刹而非分)

화광이불군(和光而不群)

동진이불염(同塵而不染)

먼지 하나에 모이나 합하는 것은 아니며,

온 세상에 흩어지나 나눠지는 것 아니다.

빛을 부드럽게 하나 한 무리 되는 것 아니며,

티끌세상과 함께 하나 물들지는 않는다.

이 글을 읽고서야 비로소 나는 감동의 눈물을 흘릴 수 있었다.

비행기에서 촬영한 모래폭풍을 본 일이 있다. 비행기는 절대로 모래폭풍 속으로 들어가지 않았다. 부처님께서 대각을 이루신 후 중생들을 보셨을 때, 마치 비행기에서 내려다보는 그 모래폭풍의 광경과 흡사했을 것이다. 그런데 부처님께서는 과감히 그 모래폭풍 속으로 들어가셨고, 그 모래폭풍 속에서 당신의 발길이 닿는 곳마다 그 폭풍을 잠재우셨다. 세상의 그 누구도 하지 못한 일을 최초로 하신 것이다.

오늘날 사람들은 뜬 먼지에도 참 많이 힘들어한다. 물론 그 먼지는 자신이 예전에 일으킨 모래폭풍의 여파에 불과하다. 그래서 부처님께서는 애초에 모래바람을 일으키지 말라고 타이르셨다.

부처님 열반하신 지 어언 이천오백여 년이 흘렀다. 그러나 지금 부처님을 따르는 이들 중에는 부처님처럼 빛을 부드럽게 하여 티끌세상으로 들어가는 이가 있고, 외도처럼 혼자만의 빛을 날카롭게 하여 모래폭풍을 일으키는 이도 있다. 그런데 참 묘하다. 자신을 낮춰 티끌세상으로 들어간 이들은 맑기만 한데, 정작

모래폭풍 일으킨 이들은 자기가 그 먼지를 다 뒤집어
쓰고 있다.

감정의 포로가 된 상태의 중생의

심리 같은 모래폭풍.

제
19
화

공부 잘되십니까?

오래전 팔순이 넘은 어머니께서 내가 소임을 맡은 절에 와 계신 일이 있었다. 절에서 기도를 좀 하고 싶으시다는 뜻을 모른 체할 수도 없었고, 그동안 매몰차게 대한 빚도 갚을 겸해서 방을 내드렸다.

어른이 와 계시다 보니 손아랫사람들이 문안차 가끔 들리는 일이 있었는데, 그때마다 쌓인 얘기들이 많았다. 얘기 중에는 노인네가 들어서 쓸쓸해하실 일도 있었고, 섭섭할 일도 있었다. 다 돌아가고 둘이 남게 되었을 때, 차 한 잔 드리며 섭섭하지 않으시냐고 물어봤다. 어머님은 짐짓 웃으며 답하셨다.

"늙어서 잘 들리지 않아 무슨 얘기였는지 모릅니다." 내 낮은 목소리는 잘도 들으시면서…….

큰아들 따라 지방으로 내려가신 지 몇 해가 지났을 때였다. 모처럼 "우리 스님 한 번만 보자!"고 젊은 사람들을 졸라 오셨다. 아마도 그때가 살아생전 마지막 만남일 것이다. 부쩍 쇠약해진 모습이 역력했다. 그런데 안경도 안 쓰시고 보청기도 하지 않으셨다. 어쩌다 단 둘이 남게 되자 물어봤다.

"보청기랑 안경 새로 맞춰 드릴까요?"

참 어리석은 질문이었는데, 돌아오는 답은 벼락같았다.

"이 나이가 되니 보거나 듣거나 말하려고 애쓸 것이 없습니다."

나는 순간 내 공부가 어머니보다 못하다는 걸 깨달았다.

출가해서 몇 년 동안은 찾아온 부모님을 만나지도 않았었다. 한참 세월이 지나 가끔 스승님 뵈러 갈 때

가까이 있던 속가에 들러도 배운 대로 큰절을 올리지 않았고, 아버님 어머님이라는 호칭도 쓰지 않았다. 비구계를 받을 때 그렇게 교육 받았기 때문이다.

그런데 어머님은 달랐다. 출가 후 처음 만났을 때 곧바로 '스님'이라는 호칭으로 날 불렀고, 삼배로써 아들을 대했다. 그리고 늘 존대어를 쓰셨다. 다른 가족들이 언제쯤 다시 나올 거냐며 미련을 버리지 못할 때도 어머니만은 "부디 큰스님 되이소!"라 하셨다. 내가 매몰차게 대한 건 배운 대로 한 것이니 잘못한 것은 아니로되, 지금 생각해 보면 젊은 시절의 그 모습이 치기 어린 것 같아 참 많이 부끄럽다.

두 번쯤인가 보다. 전혀 낯선 사람들과 해외여행을 한 것이. 그것도 거의 기독교를 믿는 사람들과 함께. 가는 곳마다 성당이나 교회가 있으면 나는 반드시 들린다. 물론 유명한 곳이라면 일행과 함께 가게도 된다.

몇 곳의 성당을 참배했을 때, 곁에 있던 사람들이 물었다.

"왜 스님은 성당에 와서 초도 켜고 헌금도 하고 예수님이나 성모마리아 앞에서 기도를 하나요?"

"나는 내가 있는 곳이 어디건 어느 성인 앞이건 매양 마찬가지입니다. 그건 그분들의 기도가 아니고 내 기도이기 때문이지요. 그런데 선생님들은 기독교를 믿는다면서 왜 예수님 앞에서 기도하지 않으십니까?"

그들은 답하지 않고 돌아섰다. 글쎄다, 두 곳의 예수님 간에 내가 모르는 차이가 있나 보다.

내가 있는 절 양쪽에는 교회가 있다. 누가 물으면 개화사 좌우보처(左右補處)라고 답해 준다. 혈기왕성했던 젊은 시절, 승가대학의 옥상에서 밤하늘에 가득한 붉은 십자가를 보면 약이 올랐다. 그때마다 내가 할 사명을 다짐하곤 했다. '이 땅을 불국정토로 만들리라. 그래서 십자가 없는 나라가 되도록 하리라.' 그런데 지금은 교회 앞을 지나다니며 고맙다는 생각을 한다. 언제나 나를 돌아보게 해 주기 때문이다.

나는 교회나 성당에 가면 스스로에게 묻곤 한다. '나는 과연 예수님처럼 할 수 있는가?' 그럴 때마다 항상 되돌아오는 답이 있다. '한참 노력해야 되겠지?' 그리고 지금 흐릿한 어머니 사진 앞에서 또 나를 돌아본다. "나는 아직도 보고 듣고 말할 게 있나 봅니다."

연화장세계로 향해 가시는 임.

얼추 그렇게 보이지

재롱을 피우던 네 살 꼬맹이가 신기한 듯 물었다.

"왜 머리가 다 빠졌어요?"

내 삭발한 머리를 보고 머리카락이 없다고 생각한 것이다. 나는 참 궁색한 답을 했다.

"내가 좋아하는 모습이란다."

뭐, 틀린 말한 것은 아니다.

꼬마가 삭발한 것을 보고 머리카락이 없다고 생각했듯이, 세상에는 있는데도 없는 것처럼 보이는 것들이 많다. 바로 번뇌가 그렇다. 물론 없는 데도 있는 것처럼 보이는 것들도 많다. 우리가 입에 달고 사는 '괴로움'이 그렇다.

사십여 년 전쯤으로 거슬러 올라가면 이런 황당한 일도 있었다. 토요일이면 가끔 암자에 올라와 하룻밤 묵고 가던 대학생이 물었다.

"스님은 번뇌가 없지요?"

"무지 않은데!"

"예? 제가 몇 번 본 바로는 스님은 번뇌가 없는 것처럼 보였는데요?"

"어쩌지? 난 너보다 번뇌가 더 많을 것 같은데!"

"실망입니다."

"내가 번뇌 많다는데 자네가 왜 실망하나?"

"그럼 저랑 다를 게 없잖아요?"

"내가 언제 다르다고 한 적 있나?"

"그렇지는 않지만 스님과 제가 같다면 스님께 의논해 봐야 소용이 없을 것 같아서요."

"언제 내가 자네와 똑 같다고 했나?"

"……."

"왜 자네 자신의 번뇌가 많음에 대해서는 실망하지 않지?"

"저야 중생이잖아요!"

"누가 자네보고 중생이라고 하던가?"

"다들 어리석은 중생이라고 하잖아요."

"언제부터 자네가 어리석은 중생이었는데?"

"……."

'세상만사 다 그렇지 뭐!'라고 하지만, 그런 것이 아니라 그렇게 보이는 것이다. 왜 그렇게 보일까? 그렇게 생각하기 때문이다. 왜 그렇게 생각하게 되었을까? 교육 때문이다.

우리는 대부분 태어나자마자 제 뜻과는 상관없이 교육받게 된다. 아무 생각도 없는 아이를 두고 엄마 아빠는 끝없이 훈련을 시킨다. 올림픽 메달리스트보다 더했으면 더했지 결코 덜하지는 않을 터. 시도 때도 없이 어르며 하는 말 "엄마!" "엄마!" ……. 어쩌다가 입만 오물거려도 따라했다며 좋아라고 한다. 이렇게 세뇌당하며 자랐으니, 누군들 칭찬받고 싶지 않겠는가 말이다. 만약에 그 기대를 충족시키지 못하면 그냥 '몹쓸 자식' 또는 '못된 학생'이 되고 만다. 그러니 언감생심 반대되는 생각을 해볼 엄두가 나겠는가. 반대까지는 아니더라도 다른 생각 자체를 할 수 없는 풍토이다. 아하! 반항아를 칭찬하려는 것 아니니 오해는 마시도록.

"어머님! 이 아이는 문제가 많습니다. 학교에서는 가르칠 수가 없겠군요."

"왜요?"

"제 멋대로 생각하고 행동하니까요."

"제가 가르치지요."

에디슨의 어린 시절 얘기다. 에디슨이 다른 애들과 똑같은 생각을 하고 똑같은 행동을 하였다면, 발명왕이라 일컬어진 에디슨은 존재하지 않았을 터이다. 그러니 미루어 생각해 볼 때 싯다르타는 어떠했을까?

세상이 참 살기 힘들다고 하는 분들이 많다. 그런데 세상이 사람과 무슨 원수라도 된다고 자기를 힘들게 하겠는가? 세상이야 본래 아무 생각이 없다. 오직 자신이 생각할 뿐이다. 자기 생각의 색깔이 '힘든 색'이다. 그래서 받아들이기도 '힘든 세상'으로 느껴진다.

힘든 세상이 실제로 있는 것이 아니라, 힘든 세상인 것처럼 그렇게 보일 뿐이다. 자신이 그렇게 생각하므로…….

"아이고 시님(스님)! 출가하신 분이라 참 세상을 모르시네! 한 번 세상에 나가 보소, 얼마나 힘든고!"

"보이소! 내 단 한 번도 세상을 떠나 산 일이 없소이다."

맑다고 해야 할까 흐리다고 해야 할까.

건강한 삶을 위해

예전엔 아주 생소했던 병명들이 이젠 점차 익숙해진다. 알츠하이머니 파킨슨이니 하는 것들 말이다. 이것은 우리나라가 이제 장수하는 노인층이 늘어난다는 것을 뜻하기도 한다. 둘 다 대개 60세 이후에서 많이 나타나기 때문이다.

알츠하이머병은 흔히 치매라고 일컫는 증상으로 진행되며, 파킨슨병은 근육을 제대로 사용하지 못하여 거동이 불편해지는 쪽으로 진행된다. 그런데 이 두 질환은 뇌에서 문제가 발생한다는 공통점이 있다. 그리고 초기에는 우울증을 보인다는 점이 비슷하다.

요즘 우울증 장애로 고생하는 이들이 참 많다. 의사들과 얘기하다 보니 네 사람 중에 한 사람 꼴로 우울증 증세를 보인단다. 의사와 상담하는 것을 부끄럽게 생각하는 이들도 많기에 실제로는 더 높을 것이다. 얘기를 나누다 보면 이 우울증 장애를 감지할 수 있는 이들이 많기 때문이다. 그런데 반수 이상은 자신이 우울증 장애라는 것을 잘 모르고 있다.

우울증을 치료하는데 도움이 되는 것이 여러 가지가 있지만, 아주 간단한 것으로는 밝은 곳에 많이 있는 것이다. 특히 햇빛 속에서 많이 걷기를 권한다.

햇빛 속에서 걷는 것은 네 가지 효과를 동시에 거둘 수 있다. 우선 걷는 것은 온몸을 자극할 뿐만 아니라 뇌를 쉼 없이 자극하여 몽상에서 깨어나게 한다. 햇빛에는 햇볕과 햇살의 기능도 함께 있기에 여기에서 다시 세 가지 효과를 얻게 된다. 햇빛은 어둠을 몰아내고, 햇볕은 추위를 물리치며, 햇살은 나쁜 요인을 없앤다. 따라서 밝아지고 따뜻해지며 면역력이 증가한다.

가장 좋은 치료법보다 더 나은 것이 예방이다. 그러므로 평소에 밝은 곳에 있거나 햇빛 속에서 걷는 것이 예방의 효과가 있겠지만, 그보다 더 좋은 것은 마음 쓰는 법을 알고 실천하는 것이리라. 마음이라 하면 참 익숙한 말이면서도 또 막연한 것이기도 하다. 흔히 '내 마음 나도 몰라'라고 표현하지 않는가. 뭐, 여기서는 좀 쉽게 접근해 보자.

우선 너무 따지지 말라. 그저 그러려니 하며 흘려보내는 것이 자신을 참 편하게 한다. 우울증 장애를 겪는 이들을 보면 남들이 볼 때 별것 아닌 것을 되씹고 곱씹고 한다. 그러면서 점차 더 어두운 쪽으로 옮겨간다.

다음으로 가능하면 긍정적인 측면을 보라. 사람이거나 일이거나 모두 부정적인 측면과 긍정적인 측면이 있다. 그런데 우울증 장애를 겪는 이들은 거개 부정적인 측면을 보고 긍정적인 면은 보지 않는다. 상대가 아니라고 설명해도 자신이 본 부정적인 것만을 계속 고집한다. 그런다고 상대가 슬퍼지거나 아픈 것이 아니라 결국엔 자신이 슬퍼지고 아파지는 것이다.

장수하는 것이 중요한 것이 아니라 건강하게 사는 것이 중요한 시대가 되었다. 건강한 백세 어른들을 보면 모두가 천진하고 밝다. 그들에게 있어서 삶은 매 순간이 즐거움 자체다. 가끔 슬픈 일이 왜 없겠는가. 그러나 그들에겐 순간에 지나지 않는다. 거머쥐고 있질 않기 때문이다.

알츠하이머병이나 파킨슨병을 뇌의 구조로만 설명하면 답이 나오지 않는다. 뇌 속에 우리의 마음작용이 있는 것이 아니라, 뇌는 마음이 움직이는 하나의 도구일 뿐이기 때문이다. 우리의 끝없는 마음작용이 뇌를 변화시킨다. 아무 분별없이 맛있게 마신 물이, 해골이 있는 웅덩이의 물임을 안 순간 구토증을 일으킨다. 이 이치를 알면 원효대사처럼 깨달을 수 있다. 깨달음은 가장 건강한 삶이다.

부처님께서는 가장 근본적인 치유법을 제시해 놓으셨다. 부질없는 망상이 마음도 몸도 불편하게 하나니, 그 망상을 지금 바로 놓아 버려야 한다.

몸도 마음도 정갈하게.

- 불기 운력(울력).

벽 허물기

중국 여행을 하다 보면 건축물 중에 특이한 구조물을 만날 수 있다. 중국인들이 존경하는 성인을 모신 공간에는 정면으로 들어갈 수 없도록 벽을 세워 둔 것이다. 그뿐인가, 큰 사찰 일주문 앞에도 벽을 세워 둔 경우가 있다. 공경의 뜻이기도 하고 또한 삿된 기운을 막는 역할이기도 하단다.

빈 공간에 벽을 세우면 느닷없이 안과 밖의 차별이 생긴다. 그 결과로 안은 우리 편이 되고 밖은 적이 된다. 그러니 우리 편 다 모여 적을 무찌르자며 난리 법석을 떤다. 인류의 역사라는 것이 이렇게 아주 매우 단순하다.

언제 성현들이 안팎을 구분하여 삿된 것을 막아야 한다고 벽을 세우라고 했겠는가. 언제 성현들이 당신들을 곧장 똑바로 보면 불경스럽다고 했겠는가. 오히려 성현들은 쓸데없이 두리번거리지 말고 당신들을 똑바로 보라고 하셨다. 그리고 보여주는 진실을 놓치지 말고 자유롭게 되라고 하셨던 것이다. 그럼에도 후인들은 괜스레 자기들의 어설픈 생각으로 벽을 만들어 버린 것이다.

선(禪)을 얘기할 때 가장 많이 언급되는 것 중에 하나가 달마대사의 면벽(面壁)이다. 달마대사는 구 년간 벽을 보고 무엇을 하신 것인가? 그보다 그 벽이란 것이 도대체 무엇인가?

달마대사의 면벽은 지금 선원에서 대하고 앉은 그 벽이 아니다. 달마대사는 이미 깨달은 분이셨다. 그러나 그런 달마대사에게도 중국에 왔을 때 벽이 나타났다. 바로 양무제를 만났을 때 본 그 벽이었다. 그 벽은 시절인연이 이르러야만 허물어질 벽이었다. 달마대사의 면벽구년은 결국 시절인연을 기다린 것이다. 그 인연은 단칼에 팔을 자를 수 있는 신광(혜가)스님이 나타남으로써 비로소 이루어지게 되었다.

선에서의 화두(話頭)는 거대한 벽이다. 그래서 화두를 타파(打破)하는 것을 은산철벽(銀山鐵壁) 뚫고 지나가는 것에 견주어 말하기도 한다. 그럼 이 은산철벽은 어디에 있나? 그것은 자기를 떠나 존재하는 벽이 아니다. 아니 본래부터 존재하던 벽도 아니다. 어느 순간 홀연히 생긴 것으로되 생긴 것도 아니다. 그러니 어떻게 뚫고 지나가남? 참 답답한 노릇이다. 그 답답함이 화두를 참구하는 묘미이다. 그것을 못 견디고 쉬운 길로 방향을 바꾼 사람은 언제나 그 답답함에서 벗어날 수가 없다.

은산철벽에는 우회하는 길이 없다. 오직 벽을 뚫고 지나가야 한다. 그 벽에는 문도 없고 당연히 문지기도 없다. 그러니 혜가스님처럼 목숨을 던지는 용기가 없다면 결코 뚫을 수 없을 것이다. 그런데 참으로 이상한 것은 벽을 통과하는 순간 그 벽은 바로 사라져 버린다는 것이다. 그럼 이전에 봤던 벽은 과연 실재하는 것이었나?

서울 강서구에는 모든 사람에게 이로운 일을 실천하자는 5대종교 지도자들의 모임이 있다. 정기적인 모임을 거듭할수록 처음의 어색함도 사라졌고, 점차 허심탄회(虛心坦懷)해졌다. 처음엔 완전히 빈 마음으로 속내를 다 드러내는 것은 아니로되, 점차 그렇게 되는 것이다. 모든 종교라는 것이 결국은 인간이 만들어 놓은 것이기 때문이다.

그런데 엄격히 따지면 성현들의 경지에서는 서로 간에 벽이라는 것이 있을 수 없는 것이다. 후인들이 성현의 경지로부터 멀어지는 그만큼 벽은 커지고 두터워진 것이다. 그러니 만일 벽이 있다면 우리가 한참 진실에서 멀리 떨어져 있음을 뜻한다.

만약 깨달음이 어렵다면 결국은 부처님으로부터 멀리 떨어져 있는 그만큼 어려운 것이니, 모름지기 자기가 서 있는 자리가 얼마나 멀리 벗어나 있는지를 먼저 살펴야 할 것이다.

벽이 허물어지고 난 뒤

밝게 드러나는 참다운 세상.

제대로 보기

어린 시절 자전거를 처음 배우던 때 계속 넘어지기만 했다. 탄력이 붙기 전의 자전거는 좌우로 흔들리게 되어 있는데, 앞바퀴를 내려다보며 반사적으로 반대쪽으로 핸들을 틀고 몸을 기울였다. 그러니 직방으로 넘어질 수밖에. 넘어지는 쪽으로 같이 가야 한다는 원리를 터득하고 나서도 또 계속 넘어졌다. 자전거의 바로 앞쪽을 예의주시하였기 때문이다. 그러다 점차 시선이 앞쪽으로 멀리 뻗어나가면서 비로소 여유롭게 휘파람을 불며 자전거를 탈 수 있었다. 그러나 때로는 너무 멀리 시선이 달아나 버리는 통에 가끔씩 충돌을 하기도 했다.

지내고 보니 불교공부를 하면서도 자전거타기와 똑같은 과정을 밟은 듯하다. 끝없이 흔들리는 가운데 넘어지고 쓰러지며 엎어졌던 것이다.

처음에는 번뇌(煩惱)라는 말을 원수처럼 생각해서 기어이 그놈을 없애버려야겠다고 생각했었다. 그런데 이게 웬일! 생각이란 놈은 꼭 밝은 날 해를 등지고 걸어갈 때의 그림자처럼 밟아 없애려 해도 제가 먼저 달아났다. 아니 밟으려 하면 할수록 그림자가 더 빨라지듯, 번뇌란 놈은 너무나 잽싸서 도저히 어찌할 방도가 없었던 것.

번뇌와 죽자고 씨름하다가 자포자기 상태가 될 때쯤 나타난 구원자가 무심(無心)이라는 것이었다.

"아, 생각이 없다면 얼마나 좋을까?"

나는 그때부터 생각하지 않기로 했다. 책에서 본 갖가지 방법에다가, 여러 도사님(?)들로부터 전수받은 요상한 방법까지 동원해가며 멍한 상태가 되기 위해

애를 썼다. 어떤 경우는 촛불을 켜놓고 몇 시간씩이나 그 불꽃을 보며 앉아 있기도 하고, 벽에 점을 그려 놓고 하루 종일 보고 있기도 했다. 그러다 보니 그런 상황 속에서는 많이 편안해지는 듯도 했다. 그런데 그 자리를 벗어나 사람을 만나면, 그 즉시 편안함은 깨어져 버렸다.

"아니 이게 뭐람? 그토록 노력해 얻은 편안함은 도대체 어디로 가버린 거야? 영험이 없잖아!"

나는 무심(無心)의 경지를 잘못 알고 있었던 것이다.

그때 문득 작은 깨달음이 있었다. 자전거를 배울 때 세워둔 자전거에 올라 신나게 페달을 밟아도 그냥 그 자리였다는 사실. 서 있는 자전거는 모양만 자전거이지 용도로 보면 소용이 없는 것. 모름지기 좀 더 빨리 목적지에 짐을 싣고 가기 위해서 필요한 것 아닌가. 사람이 아무 생각도 없이 촛불이나 벽만 쳐다보며 시간을 죽이는 것은 어리석은 짓이라는 사실을 깨닫게 되었다.

"그래 제대로 생각하는 법을 배우자!"

그때부터 경전과 선어록 등을 공부하기 시작했다. 그러나 자전거 배울 때 비틀거리듯, 매양 갈피를 잡지 못하며 지쳐 쓰러지기 일쑤였다. 그러면서도 머릿속에는 배웠던 구절구절이 떠나지 않았다. 그러니 늘 배운 것 따로 일상생활 따로 겉돌게 되었던 것. 머리는 연화장세계(蓮華藏世界—불국정토)를 꿈꾸는데 몸은 육도(六道—천상에서 지옥까지 윤회하는 세계)에서 떠도는 이상야릇한 존재가 되어버렸던 것이다.

이윽고 나는 기존의 관념들을 다 버렸다. 그리고는 생각이 일어나는 그 근저로 들어가기 시작했다. 마치 자전거의 페달을 힘껏 밟으며, 서서히 핸들을 틀어 방향을 잡아가듯이. 물론 처음에는 자전거의 초보자가 바로 앞을 보다가 넘어지듯이, 나도 코앞의 문제로 쓰러지곤 했다. 그러다가 점차 멀리까지 내다볼 수 있는 여유가 생겼다. 하지만 너무 멀리만 보다가 바로 앞에 돌발사태가 벌어지면 충돌을 일으키기도 또 무수히 했다.

누구라도 속도를 마음대로 조절할 수 있게 되고, 절

대로 방향을 잃지도 않는 상태에서, 멀리 가까이를 모두 훤하게 볼 수 있게 되면 비로소 자유로운 사람이 될 것이다.

아참. 불교공부를 본격적으로 하는 과정에서 내 정수리에는 큰스님들의 죽비가 요란하게 작렬했음을 밝혀둔다. 그러니 선지식을 찾아가 매를 벌어보라!

고요히 앉아보면 자신이 얼마나 시끄럽고

복잡한 존재인지 알게 된다.

그 모든 것이 사라질 때쯤 자유를 알게 된다.

제
24
화

대문과 소를 지켜라

옛날하고도 아주 먼 옛날에 머리가 썩 잘 돌아가는 하인이 있었다. 어느 날 주인이 먼 길을 나서며 이 하인을 불러 단단히 일렀다. "대문과 소를 잘 지켜야 하느니라. 알겠느냐?" "네, 주인님! 걱정 말고 잘 다녀오십시오!"

다음 날 하인이 주인 말씀에 따라 소와 대문을 번갈아 노려보며 잘 지키고 있는데, 이런 낭패가 있나. 하필 놀이패가 와서 멋들어지게 논다고 동네가 시끌벅적한 것이 아닌가. 제일 좋아하는 풍물놀이를 소리만 듣고 있자니 이 하인 녀석 좀이 쑤셔 견딜 수 없었다. 그래서 잘 돌아가는 머리를 쌩쌩 돌렸다. 어떻게 하면 주인님이 시키신 대로 대문과 소를 지키며 저 놀이패의 공연을 볼 수 있남? 차 한 잔 마실 정도의 시간을 고민하다가 무릎을 탁 쳤다. "아하! 그런 방법이 있었구나." 하인은 대문과 소도 잘 지키고 놀이패의 공연도 잘 봤다.

며칠 후 출타했던 주인이 돌아오더니 호령호령 난리가 아니었다. 하인은 참 억울했다. 아니 주인말씀대로 대문과 소를 잘 지키지 않았는가 말이다. 그런데 웬 난리냐 이 말씀이야. 하인은 외양간에 매여 있는 소와 멀쩡한 대문을 보면서 주인을 원망했다.

주인은 하인의 엉덩이를 걷어차 쫓아내며 고래고래 소리쳤다. "야 이놈아! 대문과 소를 잘 지키라는 말은 도둑이 집에 들지 않도록 하라는 것이었다. 그런데 너 이놈! 대문을 떼어 소등에 묶어서 놀이패 공연을 보고 왔다고? 집안 귀중품 다 도둑맞고도 잘못한 게 없다고? 이런 죽일 놈."

뭐! 다 아시겠지만 『백유경』에 있는 얘기다.

화근을 미연에 방지하는 방법으로 입을 잘 단속하고 마음을 잘 지켜야 한다고 어른들은 말씀하신다. 그런데 머리가 너무 잘 돌아가는 사람들이 있다. 그래! 입이 화근의 문이라고 했으니, 어떤 경우든 입을 꾹 닫고 살자. 이런 놈은 꼭 집에 불이 나도 "불이야!" 외치질 않는다. 도둑이 들어도 "도둑이야!" 도움을 청하지도 않는다. 입을 잘 단속하느라고 그렇지 뭐!

마음은 또 어떻고? 잘 지켜야 한다고 했으니 다른 사람과 정도 나누지 않는다. 아파트 문 걸어 잠그고 혼자 짬뽕 시켜 먹으며 지낸다. 참 딱한 인생이다.

불법 공부한다면서 꼭 그렇게 하는 이들이 있다. 천년 동안 입단속 그렇게 하고 마음 지키길 또 그렇게 해 봐라. 그러면서 제 행복 다 도둑맞고는 뒤늦게 억울해한다. 그냥 억울해하는 게 아니라 "성현들 말씀 들었다가 망했다!"고 넋두리하며 억울해한다는 말씀.

대부분의 경전에는 '읽고 외우며 쓰고 전해주는 공덕'에 대해 엄청난 설명을 해 놓았다. 그 구절대로라면 경전 몽땅 외우는 사람 금방이라도 성불할 듯도 하지 뭐. 그러니 수십 년을 밤낮으로 외우고 있는 사람이 있다. 그러면서 기껏 한다는 말씀, "전생이 훤하게 보입니다." 아니, 코앞의 일도 모르면서 전생 알아서 뭐하시게? 들어보지도 못하셨나? 무술에 관한 책 열 권을 외운 놈이 괜스레 폼 잡다가 동네 형아한테 뒈지게 맞았다는 얘길.

경전에서 그렇게 신신당부한 것은 정말로 소중한 보배가 그 속에 있었기 때문이지. 열심히 그 보배를 찾아서 모든 이들에게 이로운 일 하라는 말씀은 알아듣지 못하고, 그저 죽자고 '금 나와라 뚝딱, 은 나와라 뚝딱!' 주문만 외우누나.

그래서 이런 말이 있지. '개는 던져 주는 돌덩이를 쫓아가고, 사자는 곧바로 돌 던지는 사람에게로 달려든다.'

불교공부한답시고 덤비려면 부처의 골수를 덥석 물 정도는 돼야지! 아암, 그렇고말고! 금 캐러 나섰다가 조약돌에 반해서, 주저앉아 공기놀이나 하면 되겠소?

사람들은 달마대사의 깨달음보다는 신통력에 더

관심을 가진다. 갈대를 타고 강을 건너는 달마대사.

17세기, 김명국 작품. 국립박물관 소장.

말뚝신심

어린 시절 생쥐 곳간 드나들듯 절집에 들락거리며 잿밥을 축낼 때, 어른스님들께서 하시던 말씀이 있다.

"이놈이 말뚝신심이 발동했나?"

'말뚝이란 한곳에 박아두면 움쩍 않고 있는 물건 아니던가. 그렇다면 흔들리지 않는 신심이란 뜻인데……?' 그냥 짐작만 하면서 칭찬이려니 생각하고 다녔었다.

갓 출가한 스님들 중에는 유난히 의욕으로 똘똘 뭉친 이가 있게 마련이다. 딴에는 엄청난 결심을 하고 나선 길인만큼 보란 듯이 달라진 모습을 보여주고 싶거나 자기가 생각하던 놀라운 경지에 이르고 싶기도 하리라. '밤잠을 잔다고? 어떤 생각으로 출가했는데, 잘 것 다 자고 쉴 것 다 쉬고 언제 수행한단 말이냐?' 이런 심정으로 지내기에, 그 팽팽한 긴장감은 곧바로 옆 사람에게 전달되기 마련이다. 바로 그런 친구들을 보면서 어른 스님들은 "저놈이 또 말뚝신심으로 저러는군!" 하시었다.

어른 스님들은 그런 모습을 너무나 많이 보셨던 것이다. 그리고 그런 사람일수록 퇴속(退俗-수행을 포기하고 세속으로 돌아감)할 가능성이 높다는 것을 잘 안다. 팽팽한 긴장감은 옆 사람도 불편하게 만들지만, 당사자로서도 엄청난 스트레스에 시달리기 마련이다. 결국 자기가 만든 스트레스에 스스로가 무너지면서 급격한 실망감에 빠져 버리는 것. 그래서 '밤새 안녕!' 이라고 자취를 감춰 버리기도 하고, 또는 "저는 틀렸나 봅니다."라는 말을 남기고 총총히 사라지는 이들이 생긴다. 그래도 그런 사람은 자신에게서 이유를 찾았으니, 다행이라면 다행이다. 어떤 이는 꼭 이런 변명을 늘어놓는다.

"스님들 사는 모습 곁에서 보니 실망스럽습니다. 제가 생각하던 도는 없는 것 같습니다."

그게 얼마나 자신을 속이는 말인지 자신이 더 잘 알 것이다. 설사 자신을 기만한 것은 아닐지라도 '아직 문고리도 잡아보지 못한 놈'임에는 틀림없다.

어른들은 이런 친구들을 보면 타이른다.

"절집에는 오래 있는 사람이 주인이 되느니라."

이 말을 들으면 따지고 싶을 것이다. 하지만 어른들의 이 말씀은 뿌리를 튼튼히 내린 나무가 결국 숲의 주인이 된다는 것과 같다. 생각해 보시라. 나무가 뿌리를 깊게 내린다는 것은 시간이 오래 걸리는 일이다. 뿐만 아니라 그 기간 동안 왕성한 생명의 활동을 하지 않으면 죽고 말 것이다. 출가자를 나무로 봤을 때, 생명활동이란 곧 수행력이다. 끝없이 탐구하고 정진하는 이가 아니면 절집은 결코 재미있는 곳이 아니다. 그러니 수십 년을 절에서 보낸 이들은 그만큼 보이지 않는 수행의 뿌리가 깊다는 것이다. 결코 자신이 얼핏 본 단면만으로 평가할 수 없는 그 무엇이 분명코 있나니.

어른들이 말뚝신심이라고 대수롭지 않게 말씀하시던 그 묘한 뉘앙스를, 세월이 한참 지난 후에야 난 깨달았다. 말뚝은 살아있는 나무와 달리 박아놓으면 바로 자리를 잡는다. 그런데 그것뿐이다. 결코 뿌리를 내릴 수는 없다. 그래서 썩어버리거나 외부의 힘이 가해지면 뽑혀 버린다. 책을 읽는 등 외부자극에 의해 갑자기 일어난 신심은 아주 짧은 순간 최고인 듯하다. 그러나 진짜 발심은 아닌 것이다. 아직도 여기저기 떠도는 이라면, 혹시 자신의 신심이 뿌리내릴 수 없는 죽은 말뚝 같지는 않은지 살펴볼 일이다.

말뚝신심으로 끝나지 않으려면 어떻게 해야 할까? 스스로 생명력을 불어넣어야만 한다. 자기 귀에 즐거운 달콤한 얘기가 아닌 쓴 법문도 듣고, 때로는 어렵다고 생각되는 교학이나 선어록도 파고들어가 보며, 때로는 무릎이 떨어져 나갈 정도로 좌선도 해 봐야만 하는 것이다. 잔머리는 수없이 굴려도 그저 잔머리일 뿐이다.

잡초처럼 살면서 꽁꽁 얼어붙는

시절도 이겨내야 한다.

잃은 것과 잊은 것

　뉴질랜드 여행 중이던 2010년 9월 21일 아침 로토루아의 호텔을 떠나 아름다운 호수를 구경한 후 면세점에 들렀다. 녹용에 별로 관심이 없었던 나는 홀로 인근의 시내를 둘러보며 사진을 찍다가, 멋진 간판을 보고는 아이디어가 떠올라 메모장에다 적으려 만년필을 찾았다. 그런데 이게 뭔 일이람? 호텔을 떠나기 직전 방에서 윗옷 주머니에 넣었는데 아무리 찾아도 만년필이 사라져버린 것이 아닌가. 이른 아침이라 바람막이 옷을 입었던 것이 문제였었나 보다. 워낙 호주머니가 많은 옷이었는데, 하필 터져 있는 곳에 만년필을 넣었던 모양이다. 그러니 방바닥에 떨어졌을 터인데, 짙은 색 카펫이 깔린 방바닥이었는지라 소리도 나지 않았고, 검은 색의 만년필이 잘 표시도 나지 않았던 모양이다. 시계를 보니 공항으로 이동할 시간이 다 되어가고 있었기에 바로 찾을 생각을 접어버렸다.

굵은 만년필을 좋아해서 여행 때면 늘 가지고 다니던 것이었는지라, 탁 깨놓고 말하자면 그 당시엔 쬐끔 아쉬웠다. 그래서 생각해 봤더니, 그게 선물을 받은 것이긴 한데 도대체 누구한테서 받았는지가 생각나지 않았다. 출가 후 바람처럼 흘려보내는 공부를 한 것이 이럴 경우엔 제 몫을 톡톡히 한다. 왜냐? 미안해할 사람이 없으니 말이지. 대신 누구나 다 아는 제품이니, 호텔 종업원은 그날 큰 기쁨을 누렸으리라. 때론 의도하지 않아도 다른 사람을 즐겁게 할 수 있다는 게 얼마나 좋은가.

여행에서 돌아온 며칠 후 나는 여행가방과 카메라가방을 세 번이나 샅샅이 훑었다. 뉴질랜드의 남쪽 섬의 절경, 세계의 절경 중 반드시 가봐야 할 곳 1위라는 '밀퍼드 사운드(밀포드 사운드, Milford Sound)'를 촬영한 메모리 카드가 사라져 버린 것이다. 아~! 퀸스타운의 그 유럽풍 호텔이거나 아니면 호숫가에서 메모리 카드를 바꾸며 흘린 모양이었다.

기분이 어땠냐고? 잠깐 씁쓸했지 뭐. 그런데 늘 잠긴 문 반대엔 다른 문이 하나 더 있다는 사실. 다만 그 문을 잘 찾지 못할 뿐이지 없는 것은 아니라는 말씀. 그때는 무슨 문을 열고 나갔을꼬? 그게 사진을 반드시 전해줘야 할 사람이 없다는 것! 같이 갔던 일행은 처음 만난 낯선 이들이었고, 다시 날 찾아 올 일이 없으니 신경 쓸 것 없었다. 어차피 같이 가지 않았던 사람들은 보지 못한 곳이니 또 상관없고. 나? 그때 한껏 감동을 누렸으니 여한이 없고. 다만 자료로 쓸 수가 없었다는 손톱만큼의 아쉬움…….

살면서 이런 경우가 어디 한두 번인가? 그러니 그때마다 애통 절통해 하면 속이 뭉그러지고 말지, 암!

불교공부를 하다 보면 처음에 잘 와 닿지 않는 가르

침이 있다. 머리로만 이해하려고 용을 쓰니 그렇다.
삼륜청정(三輪淸淨)도 그중의 하나일 것. 주는 사람과
받는 사람과 오가는 물건 또는 행위가 맑아야 한다는
뜻이다. 불교에서의 청정 즉 맑다는 것은 공(空)과 통
한다. 그러니 주는 사람도 없고, 받는 사람도 없으며,
오가는 물건이나 행위의 흔적이 남지 않는 경지를 뜻
한다.

"말이 그렇지, 그게 잘되나?"

"그 이치를 깨닫기 전에는 당연히 어려운 문제지."

"깨달으면 뭐 어떤데?"

"늘 편안하고 자유롭지!"

모든 것을 잃고 모든 것을 잊으신 후 모든 것을 얻으신 분.

- 델리박물관 소장.

제
27
화

무슨 재미로 살지요?

칠순의 노신사가 만나자는 전화를 했다. 다음에 보자고 했더니 당장 봐야겠단다. 할 수 없이 어두워진 거리에 나섰다. 국수 한 그릇을 비운 후 무슨 급한 일이었냐며 물었다. 돌아온 답이 나를 안타깝게 했다.

"마누라가 죽은 뒤론 집에 들어가는 것이 무섭습니다. 혼자 덩그러니 집에 있으면 너무 외롭습니다. 그렇다고 늦게까지 같이 있을 친구도 없고요. 이제 무슨 재미로 살지요?"

노신사를 설득하여 다구가게로 가서 다구(茶具)와

차를 구입했다. 그리곤 중고오디오가게로 갔다. 적당한 오디오를 구입하고 CD 몇 장을 사서 마나님 대신 들어앉혔다.

"이 나이에 무슨 다도(茶道)공부며 음악 감상이랍니까?"

"공부는 무슨 공부, 그냥 차 마셔보고 음악 들어보라는 겁니다."

"그럼 괜찮아질까요?"

"아니면 없는 마나님만 밤새 부르고 있으려오?

"다도에 관한 책을 좀 소개해 주시죠."

"음반 몇 장만 추천해 주세요."

뻔질나게 전화하기를 몇 개월, 어느 때부터인가 전화가 오질 않았다. 잊고 지내기를 1년 후쯤, 밥을 사겠다며 보잖다.

"웬일이오, 밥을 다 사고?" "스님 덕분에 새장가 들었습니다."

"차 색시 음악 색시랑 살만합니까?"

"혼자 있는 게 이젠 즐겁습니다."

"사람들도 자주 만나시구려!"

지금 어른이 된 세대는 대부분 즐긴다는 개념이 별로 없다. 그냥 살아온 셈이다. 다시 말해 특별한 취미 생활을 하지 못한 상태로 세월이 흘러버렸던 것. 어떻게든 출세하여 돈 벌고 가족 부양할 생각만 해 온 세대다. 그러니 당연히 가족이 전부이고, 가족과 더불어 지지고 볶는 생활이 삶의 대부분이었던 것이다. 그러니 기껏해야 등산이나 낚시가 그나마 취미라면 취미일 것이고, 더 나이 들면 그저 노인정에 모여 고스톱이나 치고 장기나 두는 식이다.

외국에 여행을 나가면 가능한 박물관과 공연장에 가려고 노력한다. 오케스트라의 연주도 좋고, 발레 공연이나 뮤지컬도 좋다.

오래전 런던에 갔을 때 '로열 오페라 하우스'에 발레를 보러 갔었다. 그런데 청년들은 거의 없었고 중년층도 가끔 보이는 정도였다. 자세히 살펴보니 거의 대부분 노인들이었다. 부부도 보이고 친구끼리 온 이들도 보였으며, 심지어 혼자 온 이들도 많았다. 멕시코에서

교향곡 연주회에 갔을 때에도 분위기는 비슷했다. 그리고 아시아문화의 보고(寶庫)라 일컬어지는 파리의 기메(Guimet) 박물관에 갔을 때에는 노인네들이 길게 줄을 서서 표를 살 차례를 기다리고 있었다. 기메 박물관의 보물은 불교문화재가 대부분이기에 꼬박 하루를 감상했는데, 노인들은 박물관 안에 있는 식당에서 간단하게 요기를 하면서 종일 즐기는 듯했다.

1992년 서울 변두리의 작은 절에 주지를 맡았을 때, 모든 법회의 두 번째 순서로 다회를 넣었다. 좌선과 음악과 차와 향을 접목시킨 '소리향차법회'라는 것인데, 처음에는 다들 핑계를 대고는 점심공양만 하고 빠져 나갔다. 이미 오래전부터 준비해온 터라 나로서는 어려울 것이 별로 없었는데, 오히려 신도님들이 적응하는데 시간이 필요했던 것이다. 기존의 신도님들 가운데는 평생 농사를 지은 분들이 많았다. 그런 분들에게 느닷없이 클래식음악과 맛도 이상한 보이차, 이름도 생소한 침향에다 한 시간 이상의 정좌라니 싫어할 수밖에 없었다. 하지만 몇 년 지나자 오히려 칠순의 노인네들이 그 시간을 기다리게 되었다.

어른들이 마음만 먹으면 큰돈 들이지 않고 얼마든지 즐길 수 있는 박물관이나 공연장 등이 많다. 그러나 그런 것에 취미가 없기에 그저 탑골 공원이나 노인정에서 무료하게 시간을 보내는 것이 대부분인 것이다.

즐기려면 너무나 많은 것이 열려 있으나, 다만 즐길 마음이 갖춰지지 않은 것이 문제이다.

참으로 삶을 즐기려는 마음이 되면

어느 곳에서도 즐거움은 있는 법이다.

디지털과 아날로그

나는 젊은 시절에 디지털(마음)과 아날로그(몸)의 충돌로 잠잠할 때가 없었지.

젊었을 때의 아날로그는 그래도 제법 디지털 흉내를 내는 듯하더니, 끝내 본색을 드러내고 말았지. 아날로그란 바로 몸뚱이를 가리키는 것. 요즘 인기 있는 이들은 모두 '몸 짱'이라고 야단인데, 허~ 그게 뭐 얼마나 갈 거라고 너무 으스대지는 마시라. 늘 배신할 수밖에 없는 게 또 몸이라는 것이지. 제행무상(諸行無常)인데 그게 영원할 줄 착각하면 나중에 어쩌려고.

행여 '몸 꽝'이 된다고 인생이 절대로 끝나지는 않는단 말씀. 영화 트랜스포머에서처럼 그저 생각대로 몸이 멋있게 변하면 좋으련만, 디지털인 생각을 아날로그인 몸이 절대로 따를 수 없는 것이니 어쩌랴.

너무 하늘을 나는 뜬구름 잡으려는 통에 참 애먹지. 본래 디지털(마음)이란 게 그런 것 아닌가. 어릴 때부터 망치 한 번 잡지 않고 집을 지었다가 부수고, 다시 또 새집을 지어놓고. 그러나 착각 마시라. 손 아프지 않고 지은 집에는 몸을 누일 수 없다네.

몸과 마음이 다 공(空)하고, 공(空)한 가운데 몸과 마음이 있는 것. 그러니 절대로 한쪽으로 치우치지 마시게나. 치우치면 어긋나고 어긋나면 대립하며, 대립하면 충돌하고 충돌하면 괴롭다네.

사람들은 그저 눈에 보이는 아날로그를 업그레이드하는 데는 엄청 신경 쓰지. 하긴 우리 인생을 논할 때 의식주(衣食住)를 빼고 나면 별로 자랑할 것도 없지 않은가.

그렇지만 디지털이 업그레이드되지 않으면 인생이

참 팍팍하다는 것을 아시나? 한 생각 일으키니 온갖 차별이 생기고, 한 생각 사라지니 차별 또한 사라지는 것. 원효대사가 해골에 있던 물 마신 뒤 오만상 찌푸리며 토한 것은 낡은 디지털 때문이고, 다음 순간 마음이 확 열렸다는 것은 새로운 무한변신버전으로 업그레이드 된 것이지. 그래서 원효대사는 더 이상의 갖가지 생각에 시달리지 않게 된 것.

디지털도 나이 들어가면서는 아날로그화 하지. 부모는 자식을 앞에 두고 늘 옛날의 자기를 얘기한다네. 뭐, 옛날 것은 모두 나쁘다는 뜻은 아니니 오해 마시기를. 옛날 것들은 참 인간적이지 않던가. 그러나 땅속으로 기차가 다니고 자동차가 다니는 요즘, 당나귀 타고 장에 가시던 얘기로 훈계하시면 자식이 감을 잡질 못한다는 말씀이지.

본래 디지털인 마음이 완전히 아날로그화 하여 굳어진 것을 두고 상(相)이라고 표현한다네. 그것은 스스로가 과거에 매달리는 삶을 살았기에 일어난 현상이지. 그렇다고 끝없이 불가능한 미래만을 꿈꾸는 것이

나 마음에 들지 않는 눈앞의 문제로 시비하고 있는 것
도 편치 않기는 마찬가지.

부처님께서는 일러주셨지. 과거의 마음도 잡을 수
없고, 현재의 마음도 잡을 수 없으며, 미래의 마음 또
한 잡을 수 없는 것이라고. 그 이치를 터득하면 '내 마
음 나도 몰라'도 해결되고, '네가 나를 모르는데 난들
너를 알겠느냐'는 것도 순식간에 해결된다네. 뭐, 미
국 하늘 따로 있고 한국 하늘 따로 있는 것 아닌 것과
같은 도리지.

"보살님, 점심(點心)하게 떡 좀 주시오."

"스님, 과거 현재 미래의 마음 중에 어디다 점을 찍
으시려오?"

의기양양하던 덕산스님이 떡집노파에게 당했다지.
깜빡하면 속기 마련이다. 천지에 떡집노파 없는 곳이
없거늘.

수많은 경전에서 무수한 마장(魔障-수행을 방해하
는 요인들)에 대해 설명하고 있지만, 사실은 그 마장
(魔障)이라는 것이 자신의 어리석음 때문이 아니던가.

누구 때문에 실패했다느니, 누구 때문에 자기 인생 망쳤다느니 할 것 없지. 무심(無心)한 상태에서 들어보면 모두다 자신이 저지른 잘못이지.

그러니 잊어서는 안 될 것 하나. 아날로그인 몸도 디지털인 정신도 내세울 만한 실체가 없다는 점이지. 그것을 확실히 깨닫기만 하면 누구나 소소영령(昭昭靈靈-깨어 있어 밝고 신령스러운 것)한 자리에 설 수 있을 텐데.

티베트의 상징인 아날로그 포탈라궁은 그대로 있으나

디지털인 달라이라마와 고승들은 없다.

제
29
화

수많은 손길을 느껴 보라

어릴 적부터 혼자 있는 것을 좋아해서 부모님과 형제들이 있는 위채가 아닌 아래채의 방에서 혼자 공부하며 잤는데, 어느 날 고열에 시달리며 악몽을 꾸게되었다. 누구나 한 번쯤 경험해 봤음직한 것으로, 어둠 속에서 끝없이 추락하는 꿈이었다. 대충 떨어지다가 바닥에 부딪쳐야 공포심이 덜한데, 끝없이 떨어지다 보면 점점 공포심이 가중되어 거의 미칠 지경이 된다. 아마도 참 오랫동안 비명을 질러댔나 보다. 그러던 어느 순간 캄캄한 어둠 속에서 환한 빛과 함께 손이 나타나더니 나를 붙잡았다. 그 순간 추락하던 것도 멈추고 공포심도 사라졌다. 그리고는 곧 포근한 느낌이 들었다. 눈을 떠보니 어느 틈엔가 보모님이 아래채로 내려오셔서 어머니가 꼭 안고 계셨고, 내 이마에는 시원한 물수건이 놓여 있었다. 나는 더 이상의 악몽 없이 달콤한 잠을 잘 수 있었다. 아마도 부모님은 밤을 새웠으리라.

어느 날 부처님께서 제자들과 길을 가시다가 뼈가 쌓여 있는 것을 보고는 큰절을 올리셨다. 제자들은 깜짝 놀라 연유를 물었다. 그러자 다음과 같이 설명하셨다.

"여기 이 뼈의 주인이었던 이들은 모두 한 번쯤은 나의 부모였었다. 그러니 부모에게 절을 하는 것이 이상할 것이 있겠는가. 그대들은 이 뼈들을 보고 남자와 여자의 뼈를 가릴 수 있겠느냐? 희고 무거운 뼈는 남자의 것이고, 검고 가벼운 것은 여자의 것이니라. 여자는 임신을 하고 아이를 낳아 젖을 먹이게 되는데, 이는 마치 자신의 피를 먹이는 것과 같기에 뼈는 가벼워지고 검게 변하게 되는 것이니라."

부모님은 자식에게 있어 자기존재의 이유이다. 요즘 로봇의 연구가 활발한데, 사람처럼 걷게만 하는데도 몇조 원이 들지 정확하게는 모른다고 한다. 또 우리 몸의 세포 하나에 1원씩만 따져도 대략 100조 원 정도의 가치가 된다고 한다. 게다가 다른 사람들과 구분이 되도록 독특한 모양으로 만들어 주셨으니, 얼마나 위대한 능력인가. 특히 어머님은 몇 개월을 몸속에서 키워주시는 불편을 겪어야 하고, 낳아서도 젖을 먹이는 등의 헌신을 통해 비로소 사람구실을 할 수 있도록 해주신다. 그러니 모든 어머니는 가히 성모(聖母)라고 칭해도 되지 않겠는가.

대승보살은 자신의 해탈뿐만 아니라 타인의 해탈까지도 이루려 한다. 그것이 가장 평화롭고 아름다운 불국토를 이루는 지름길이다. 우리가 흔히 말하는 발심(發心)은 대승보살의 마음을 낸다는 뜻이다. 진정한 발심은 나와 남이라는 차별이 사라져야 되겠지만, 그것이 쉽지 않다면 모든 이들이 언젠가 한번쯤 나의 어머니였다고 생각해 보라. 자신을 위해 그토록 헌신적이셨던 어머니가 힘들어하는데 그냥 모른 체하고 있을 순 없지 않겠는가.

사실 자비의 화현인 관세음보살은 어머니의 사랑을 극대화한 것이라고 할 수 있다. 우리가 어머니에게서 받았던 무한한 사랑을 다른 사람에게 되돌리려는 것이야말로 대승보살의 정신이다.

예전에 비해 너무나 살기 좋아진 요즘, 어쩐 일인지 스스로 목숨을 포기하는 이들이 속출하고 있다. 이유야 많겠지만, 정말로 보모님의 은혜를 생각이나 해 본 것일까?

사실 우리의 삶은 너무나 많은 이들의 도움 속에서 가능하다. 환경적인 혜택까지 배제한다면 혼자서 할 수 있는 일은 거의 없다고 해도 크게 지나치지 않을 것이다. 그럼에도 불구하고 자신의 어려움에만 집착하여 수많은 은혜를 저버리고 많은 사람들을 가슴 아프게 한다.

한 번쯤 생각을 바꿔보라. 다른 사람을 위해 마음을

열어보라. 아마도 자신이 처한 상황이 별것 아님을 깨닫게 될 것이다.

사찰에서는 한여름 더위 속에 백중기도를 봉행한다. 영단(위패 봉안하는 곳)에 모셔진 수많은 영혼들이 수많은 생을 돌면서 다 우리와 인연이 있었던 이들이리라. 깊이 감사하는 뜻을 염불에 실어 왕생극락을 발원한다. 그 마음으로 대문 밖을 본다. 거기 또 무수한 손길들이 천수관음보살의 화현으로 다가옴을 볼 수 있다. 아, 모든 생명에게 감사할지라.

망자의 영혼과 산 사람의 마음을 편케 하는

특별한 의식인 천도. - 개화사 시식.

찬탄과 눈물

고등학생 시절 『금강경』을 독송하며 참 의아해했다. 수보리존자는 뭘 그렇게 "거룩하옵니다!" "놀랍습니다!"하며 '희유(希有)'를 남발하며, 점잖은 체면에 눈물을 줄줄 흘렸단 말인가?(涕淚悲泣) 그때까지도 나는 까마득히 수보리존자의 마음을 모르고 있었던 것이었다. 그러니 『금강경』인들 제대로 알았겠는가.

감정이 아닌 마음으로 크게 운 일이 내겐 두 번 있다.

그 첫 번째는 은사스님께서 입적하시고 다비식을 올

리던 날이었다. 입적하신 지 닷새째 아침에 은사스님이 주석하시던 방에서 운구를 하여 식장으로 나오는데 갑자기 신을 찾을 수가 없었다. 나도 모르게 눈물을 흘리고 있었나 보다. 그런데 한 번 흐르기 시작한 눈물은 멈출 수가 없었다. 그 순간부터 무심히 비가 내리듯 그렇게 눈물이 흘러 다비가 진행되고도 한 시간여가 지날 때까지 몇 시간을 그렇게 눈물을 흘렸나 보다. 오랜 인연의 스님들이 어깨를 감싸며 다른 사람들도 생각해 달라는 말에 주위를 돌아보니 모두가 나를 보며 눈시울을 붉히고 있었다.

돌이켜보면 그때 나는 수십 년을 사랑으로 살펴주신 그 은혜에 감사의 뜻을 전하고 있었던 셈이다. 비록 행동으로야 늘 감사의 뜻을 보여 드렸지만, 은사스님께서 늘 마음으로 이끌어주신 은혜에 감사하다는 말씀을 올리지 못했다는 것을 뒤늦게 알았던 것이다.

내 두 번째의 눈물은 아무도 보지 못한 것이었다. 수년 전 다람살라의 특별법회에 참석한 것은 내게 또 한 분의 스승을 모시는 계기가 되었었다. 수년간 진행해

왔던『입보리행론(入菩提行論)』강의를 마무리 짓는 그 해의 법회는, 그 논서의 백미로 꼽히는'지혜품(智慧品)'과 '회향품(廻向品)'에 대한 강론이었다.

법회가 시작된 첫째 날, 몇 분이 지나기도 전에 내 마음은 희유함으로 충만해졌었다. 내가 바로 영산회상에 와 있음을 알았던 것이다. 그분은 더 이상 내게 노벨평화상으로 불교의 위상을 드높인 어른도 아니었고, 정치적인 티베트의 대표자도 아니었다. 오직 내 영혼의 악기를 제대로 울리게 해 주신 스승이었다.

그 닷새간의 법회 동안 나는 내내 수보리존자의 체루비읍(涕淚悲泣-기쁨으로 인해 눈물을 흘리며 우는 것)을 몸소 경험하고 있었다. 그처럼 낱낱이 수행의 체험을 점검할 수 있게 해 준 법회를 만나기는 어려울 것이다. 그 닷새 동안 존자님은 당신이 체험하지 않았다면 도저히 하실 수 없는 비밀스러운 말씀들을 남김없이 쏟아내셨다. 나는 내 마음의 스승으로 모신다는 뜻을 눈빛으로 전했고, 그분 또한 눈빛으로 기꺼이 받아 주셨다.

내 마음의 영원한 스승이신 부처님과 지금의 나를 있게 해주신 은사스님, 그리고 생각만으로도 미소가 피어오르게 해 주신 또 한 분의 스승님 달라이라마와 더불어 나는 늘 기쁨으로 충만하다.

마음으로 통하는 스승이나 친구가 있다면 더할 수 없이 좋겠지만, 사랑하는 사람끼리 한 평생을 반려자로 산다는 것도 참 행운이다. 함께 하는 것이 행운이라면, 마음으로 통하는 것은 더 큰 행복이다. 행복하기 위해서는 상대를 배려해야 하는데, 그러기 위해서는 '나'를 버려야 한다. 나를 버리면 저절로 통할 것이고, 늘 편안하고 행복할 것이다. 그때 바로 곁에 있는 이가 스승이 되기도 하고 더없는 벗이 되기도 하는 것이다.

아참, '나를 버린다는 것'을 너무 어렵게 생각하지 마시라. 그건 자기가 가진 좋아하고 싫어하는 잣대를 버린다는 뜻이니……. 장미를 좋아하는 사람은 날카로운 가시까지도 받아들이는 사람이다. 그러다 설령 시인 릴케처럼 장미가시에 찔려 죽게 되더라도. 별 보기

를 좋아하는 사람은 어둠까지를 좋아해야만 한다. 비
록 밤이슬에 젖어 감기에 걸리는 일이 일어나더라도.
자! 이제 마음을 활짝 열어 보자!!

2006년 다람살라 특별법회 때

접견실에서의 달라이라마 존자님.

평등과 차등의 지혜

1980년대 후반의 일이었다. 불교방송 대법당에서 강의를 하고 나와 법사대기실에서 쉬고 있는데, 한 불자가 내 강의에 의문이 있단다.

"스님, 조금 전 강의하실 때 모든 사람이 다 불성(佛性)이 있고 평등하다고 하셨는데, 제 눈에는 왜 모든 사람이 차등이 있는 것처럼 보입니까?"

"차등이 있으니까 그렇게 보이는 게지요."

"아까는 분명 평등하다면서요?"

"아까는 평등을 말했고, 지금은 차등을 말하는 겁니다."

"평등이면 평등이고 차등이면 차등이지, 어찌 이랬
다저랬다 하시는 것입니까?"

"이랬다저랬다 하는 것은 내가 아닌걸요. 평등과 차등
이 완전히 별개로 있다고 생각하는 선생이 문제지요"

그리 오래되지 않은 일이다. 어느 절에서 부탁한 일이
있어 내 컴퓨터에서 서류를 만들어서 메모리에 담아 갔
다. 그 절의 컴퓨터에 연결해서 모니터에 올렸더니, 아
뿔싸! 아름답게 하느라 애써 만든 글들이 아주 평범하
게 변한 게 아닌가. 가만 생각해보니 내 컴퓨터에 있는
서체(폰트)와 프로그램은 사서 올린 것이었는데, 그게
다른 곳에 없을 것이라는 생각을 못했던 것이다.

메모리에 담겨 있는 내용은 한결같지만, 컴퓨터에 갖
춰진 시스템에 따라 모양새에 차이가 나고 만 것이다.

법문을 하면서 나는 분명 모든 사람이 공통적으로
쓰는 언어를 구사했건만, 상대방은 제각기 다르게 받
아들이고 있는 것을 알 수 있다. 그래서 갖가지 방편
이 나올 수밖에 없고, 때로는 갖가지 오해가 생기기도
하는 것이다. 그럼 어떻게 해야 평등해질 수 있을까?

아주 간단하다. 견고하게 움켜쥐고 있는 것을 놓아
버리면 된다. 사람에 따라 움켜쥐고 있는 것은 제각기
다를 것이다. 그것이 명예일 수도 있고 지위일 수도
있으며, 사랑일 수도 있고 재물일 수도 있다. 그러나
이 모든 것들을 놓지 못하는 것은 결국 자기중심적인
사고 때문이다. 그러니 그 관념을 놓아버려야 한다.

왜 놓아야 하는가? 이 모든 움켜쥠이 자신을 무척이
나 힘들게 하기 때문이다.

불교에서 말하는 평등은 근본적인 것을 말하는 것이
다. 남녀가 평등하고 생명이 모두 존엄하다고 하는 것
은 근본이 그렇다는 것이다. 그렇다고 남녀가 한 목욕
탕을 쓰거나 동식물이 모두 사람처럼 같은 주거생활
을 하는 것은 아니다. 각각의 모양새도 분명 다르고
삶의 방식도 다르기 때문이다.

부처님께서는 뭇 생명의 본질이 평등하다고 말씀하
셨다. 그리고 어떤 생명도 모두가 존귀하다고 말씀하
셨다. 그래서 경전에서는 부처와 중생이 다름이 없고,
번뇌가 일어나는 곳이 곧 깨달음의 자리라는 표현을

하고 있다. 그런데 어떤 이는 즐겁고 자유롭게 사는데, 어떤 이는 괴롭고 불편하게 산다. 이것은 어찌된 까닭일까? 비록 본질은 동등하지만 현재의 삶의 방식과 경지에 분명한 차이가 있기 때문이다.

그러니 중생의 처지에서 스스로를 부처라고 착각해서도 안 되며, 번뇌 때문에 괴로워하면서 그걸 깨달음으로 여겨서도 안 되는 것이다. 누가 뭐라고 해도 자신이 더 잘 알고 있지 않은가. 자신이 자유롭고 평화로운지 아니면 괴롭고 부자유한지를……. 사계절이 분명한 우리나라에서 좋아하는 계절과 싫어하는 계절을 분명히 말하는 이들이 많다. 그러나 사계절은 똑같이 우리에게 소중한 것이니, 좋아하고 싫어하는 것을 버리면 사계절 모두를 즐길 수 있을 것이다. 그렇지만 한여름에는 더위를 먹지 않을 지혜를 발휘해야 하고, 한겨울에는 동상에 걸리지 않을 슬기로운 처신이 필요하다.

사계절이 동등하게 귀함을 아는 것이 평등에 대한 지혜이고, 사계절마다 다르게 처신해야 함을 아는 것이 차별에 대한 지혜이다.

본질도 같고 추구하는 바도 같으나 형색과 호칭은 서로

다르다. - 도미니코신부님의 금경축일(金慶祝日-신부

되신 지 50주년 되는 날)인 2010년 5월 5일 촬영.

제
32
화

보이지 않는 것

　호주 시드니에서 오페라하우스에 대한 설명을 듣고
는 만날 장소와 시각을 정한 후 자유 시간을 갖게 되
었다. 나는 혼자 오페라하우스 안에 들어가 이런저런
시설을 둘러보고 밖으로 나왔다. 그리고는 일행이 지
켜보는 가운데 반대편으로 빠져 건너편의 해안과 후
버 다리 등을 촬영한 후, 바로 옆의 공원 '로열 보타닉
가든'의 뒤쪽으로 돌아 들어갔다. 그곳에서 모처럼 혼
자 된 자유로움에 나무 그늘에서 쉬기도 하고 사진도
찍으며 공원 안을 돌아다니다가 약속장소로 갔다.

그런데 참 묘한 분위기였다. 일행들이 모두 반대편을 보고 서 있는 것이었다. 무슨 사고라도 났나 하고 봤더니 아무렇지도 않았다. 등 뒤에 이르러 가이드에게 물었다.

"무슨 일 있어요?"

가이드가 돌아보며 귀신을 본 듯이 놀랐다.

"스님 어디 계셨어요? 모두 스님 기다리고 있습니다."

"아직 약속 시각 3분 전인데?"

"아까 저쪽으로 가셨다고 하기에 모두 그쪽에서 나타나리라고 생각했습니다. 아무 데도 보이지 않으니, 혼자 어딜 가신 줄 알고 다들 걱정하던 참입니다."

"참내, 아 약속한 시각 약속한 장소에 나타나지 않으면 그때 걱정해도 될 일을 괜히 미리 걱정들을 하고 그러실까?"

일행이 모두 겸연쩍게 웃으며 이구동성으로 답했다.

"그러게요!"

한 바퀴 돌아서 반대 방향에서 나타나니 대중들이

모두 어리둥절해 있는 것이다. 누군가 돌아보기만 했어도 일어나지 않을 해프닝이었다.

사람들은 눈에 보이지 않으면 없다고 생각한다. 바로 등 뒤에 있는데도 없는 것이다. 그러고 보면 없는 것이 아니라 보지 못한다고 하는 것이 더 정확하겠다.

어릴 적 불교공부하면서 제일 어려웠던 것이 상식 밖의 얘기들이 너무나 많다는 것. 생각해 보시라. 열일곱의 나이에 '풀잎마다 부처님' 이라는 구절을 접하면 도대체 어떻게 알아듣느냐고.

출가 후 지금까지 가장 설명하기 어려운 것 중에 하나가 영가천도(靈駕遷度)의 문제이다.

보통 영혼과 영가(靈駕)를 같이 설명하지만, 엄격히 말하자면 영혼과 영가는 차이가 있다. 대개 같은 입장에서 설명할 때는 육신이 없는 경우의 영혼을 뜻하는 말이다. 문제는 육신이 없는 영혼인 영가를 보통사람들은 볼 수도 없고 또 객관적으로 보여줄 수도 없다는 것. 부득이 공기나 전기 등으로 설명할 수밖에 없다. 그것들은 분명히 존재하는 것임에도 볼 수도 없고 만질 수도 없다. 좀 더 정확히 말하자면 늘 보고 있으면서도 보는 줄을 모르고, 늘 만지고 있으면서도 만지고 있는 줄을 모르는 곳이 공기요 전기다. 영가의 세계도 그와 같다. 목숨을 던져 그 세계로 다가선 사람만이 인지(認知)할 수 있는 세계일뿐이다.

그런데 받아들이는 사람에게도 분명한 차이가 나타난다. 지혜와 복이 있는 사람은 그 비유를 매우 빨리 이해하여 받아들이고, 영가의 천도를 위해 최선을 다한다. 그러나 지혜도 복도 없는 사람은 별로 믿지도 않고 최선을 다하는 것 같지도 않다. 똑같이 비용을 지불하고도 결과는 엄청나게 차이가 벌어지는 것은 바로 당사자의 복과 지혜에 차이가 있기 때문이다.

부처님께서 가르쳐 주신 진리나 조사(祖師)들께서 체험한 경지는 분명한 것이지만, 일반사람들의 입장에서는 없는 것을 있는 것처럼 설명했다고 생각하는 경우가 많아서, 각자의 깜냥으로 없다고 단정해 버리기도 하는 것이다. 그래서 공부하는 절차를 설명할 때 '먼저 진리와 선지식을 믿어야 하며(信), 다음으로는 분명히 이해해야 하고(解), 그리고는 실천에 옮겨야 하며(行), 이윽고는 그 경지에 이르러야 한다(證).'고 말한 것이다.

"그럼 경전이나 선지식을 무조건 믿어야 합니까?"

"아! 뭐 억지로 믿으라는 얘기가 아니올시다. 자신이 한 만큼 결과가 나타나는 것이니, 뿌린 대로 거두면 될 것이외다."

죽은 이들의 영혼까지도 해탈시키는 것이 불보살의 원력.

— 영가들을 극락으로 싣고 가는 반야용선(般若龍船).

제
33
화

미운 사람 곱게 보기

누구나 미운 사람이 있을 것이다. 만약 없다면 그는 도인이다. 뭐 어쨌거나 만나도 기쁘지 않은 사람쯤은 있을 게 아닌가. 문제는 그런 사람일수록 자주 만나게 된다는 것이니, 그 괴로움을 어쩌누? 오죽했으면 인생사 가장 괴로운 여덟 가지 일 중에 '원망스럽고 미운 사람을 자꾸 만나는 괴로움'인 원증회고(怨憎會苦)를 넣었을까.

징크스(jinx)라는 게 있다. 재수 없는 사람 또는 현상이나 불운을 가져다주는 사람 또는 현상을 뜻하는데, 운동선수나 연예인이 주로 많이 따진다. 어떤 사람은 참 평범한 인생처럼 보이는데도 이 징크스라는 마법에 걸려 있기도 하다. 그거야 개인의 문제니 뭐라고 할 수는 없는 일이고……. 바로 이 징크스란 놈을 역으로 활용해 보는 것도 괜찮을 듯해서 소개하려는 것.

사람이 살면서 오라지게 재수 없는 날도 있기는 하지만, 대체로는 좋은 일도 한두 가지 있게 마련 아닌가. 그러니 싫은 사람 만난 날 저녁에 이렇게 생각해 보자. '가만 생각해 보니 오늘 그 보기 싫은 사람을 만난 후 좋은 일이 생겼네.' 만날 때마다 그날 저녁이면 계속해서 이렇게 생각하며 정리해 보는 것이다.

물론 처음에는 잘되지 않을 것이다. 그렇지만 계속해보면 달라진다. 별 영험 없다고 생각될지라도 이렇게 한두 달 지나는 동안에 서서히 영험이 생긴다. 언젠가부터 실제로 그 사람을 만났기 때문에 좋은 일이 일어난 듯이 생각하게 되고, 좀 기분은 썰렁할지라도 서서히 그 사람을 만나는 것이 기다려지기도 한다. 아

뭐 그러다 보면 그 사람이 좋아지게도 되는 것이지.
그러기에 『화엄경(華嚴經)』에 다음과 같이 콕 집어서
설명하고 있는 것이다.

　심여공화사(心如工畵師)

　화종종오음(畵種種五陰)

　일체세계중(一切世界中)

　무법이부조(無法而不造)

　우리 마음은 화가와 같아서

　몸도 감정도 생각도 그려내고

　이 세상 어느 곳에서라도

　무엇이든지 만들어낸다

　어떤 사람이 밉다고 하는 것도 한두 번의 일로 그렇
게 된 것이 아니라 끝없이 마음으로 좋지 않은 것들과
연관을 시켰기 때문에 벌어진 일이다. 그러니 같은 방
식으로 미움을 고움으로 바꿔치기하는 방법이다. 마
치 컴퓨터의 바탕화면에 바다를 깔아두면 컴퓨터를
켤 때마다 바다가 나타나고, 산을 깔아두면 켤 때마다
산이 나타나는 것과 같은 이치다.

그렇게만 되면 언제나 행복할까? 그건 아니다. 왜냐하면 '고운 사람'이라는 것도 결국은 자기가 만들어 낸 그림자니까. 비록 '미운 사람'이라는 그림자보다야 한결 나을 수는 있겠으나, 그건 괴로움을 완화시키기 위한 방편일 뿐이다. 이왕 시작한 일이니 가장 좋은 방법으로 발전해야 되지 않겠는가. 가장 좋기로는 미운 사람과 사랑스런 사람을 만들지 않는 것이다.

어느 자리에서 이 얘기를 했더니, "아니 그럼 목석처럼 살란 말입니까?"하고는 따지는 이가 있었다.

중국 선종의 삼조(三祖) 승찬(僧璨)대사만큼 출가 전의 삶이 모질었던 분도 드물 것이다. 젊은 날 문둥병에 걸려 떠돌이 생활을 하며 처절한 현실을 두루 겪은 후 이조(二祖) 혜가(慧可)대사를 만나게 된다. 처음 만남에서의 대화가 이렇다.

"저의 죄업(罪業)을 참회(懺悔)케 해 주십시오!"

"너의 죄업을 여기 내어놓아라."

"찾을 수가 없습니다."

"이제 죄업을 다 없앴다."

어떤 이에게는 말장난처럼 들릴 수도 있는 대화가 아닌가. 그러나 문둥병의 사나이는 곧 환한 빛을 만나게 되었던 것이다. 그는 혜가대사의 제자가 되어 마음의 병도 몸의 병도 떨쳐버리게 되었으며, 깨달음을 이뤄 '승가의 아름다운 옥구슬(僧璨)'이 되었던 것이다.

승찬대사의 뛰어난 말씀이 담긴 『신심명(信心銘)』은 이렇게 시작된다.

지도무난(至道無難)

유혐간택(唯嫌揀擇)

단막증애(但莫憎愛)

통연명백(洞然明白)

해탈에 이르는 것은 어렵지 않다.

자기의 손익 따져 취사선택하지 말라.

다만 증오하거나 애착하지 않는다면,

확 트여 환하게 분명해질 것이다.

부처님께서는 전생에 시비왕이었을 때 비둘기를

구하기 위해 자신의 몸을 매에게 내어주었다.

- 키질 제114굴의 벽화.

제
34
화

씹는 것을 잘해야 행복해진다

1980년대 초 중앙승가대학교에 다닐 때였다. 방학을 맞아 강원 동창들이 범어사에 모여 강사스님 방에 인사를 하러 갔었다. 강사스님은 약밥 공양이 들어왔다며 내어 놓았는데, 마침 배가 고프던 참이라 한입 맛있게 베어 꽉 씹었다. 그 순간 앞니가 툭 부러졌다. 대추씨를 빼 내지 않은 상태로 약밥을 만들었던 것이었다. 그 다음날 서둘러 서울로 올라와 종각 가까이 있던 치과에 가서 치료를 받았다. 원장님은 본래의 이빨이 그래도 가장 나은 것이니 기둥을 심어 그대로 쓰자고 했으며, 돈 없는 학승(學僧)이라는 것을 알고는 한 푼도 받지 않았었다. 원장님은 오래전 연세가 많아 병원을 다른 이에게 넘겼기에 만날 수는 없지만, 그때 부러진 앞니는 그대로 내 입 안에 있다.

우리는 무언가를 씹으면서 살아있음을 느끼는 경우가 많다. 음식을 먹는 재미만 해도 얼마나 쏠쏠한가. 공양을 약으로 생각하는 출가 수행자에게도 음식 씹는 즐거움은 크다. 그런데 큰방에서 전체대중이 함께 공양을 하다 보니, 느긋하게 씹는 맛을 즐길 새가 없다. 노스님들은 워낙 소식(小食)이라 젊은 스님들이 공양 시작하고 몇 번 씹을 때쯤엔 이미 숭늉을 기다리고 계신다. 어른 스님들을 하염없이 기다리게 할 순 없는 일, 젊은 스님들은 아직 발우에 가득한 밥과 국과 반찬을 한곳에 모아서 국밥인지 비빔밥인지도 모를 음식을 재빨리 넘긴다. 이렇게 몇 년 대중생활을 하고 나면 그 왕성하던 식욕도 어느덧 사그라지게 된다. 덕분에 스님들은 비만이 거의 없고, 젊은 시절 그 힘든 잠과의 싸움도 잘 이겨낸다. 대신 거개 젊은 시절엔 위장병과 친구로 지내기도 하는 것이다.

고등학교 시절 늘 껌을 씹고 계신 선생님이 계셨다. 50대의 선생님은 수업 중에도 예외 없이 껌을 씹으셨는데, 담배를 끊느라고 시작한 껌 씹기가 습관이 되셨다고 했다. 좀 점잖지 못하다는 것 외에는 다른 사람에게 전혀 피해를 주지 않으니 나쁜 습관은 아닐 것이다.

하지만 자신은 다만 재미로 씹는데 타인에게는 죽음을 부르는 치명적인 경우가 있다. 요즘 '악플'이라고 일컬어지는 '악성 댓글'의 문제가 심각한 듯 보인다. 아마도 글을 올리는 사람은 단순한 자신의 스트레스 해소를 위해 그럴지 모르지만, 막상 당하는 입장에서는 심각한 상처가 될 수 있는 것이다. 만약 상대가 자신을 조절할 수 있는 높은 정신력의 소유자가 아니라면 자살까지 생각하게 되는 것이다. 그러니 재미가 악업(惡業)이 되는 경우라 하겠다.

이왕 씹을 바에는 자신에게도 남에게도 이익이 되는 것을 씹으면 어떨까?

처음 경전이나 조사어록을 씹으면 이빨이 들어가지도 않는다. 그래서 무슨 맛인지 모르겠다고 투덜댄다. 감각적인 개그를 이해하는 수준으로는 당연히 무슨 맛인지를 모를 수밖에 없는 것들이니 어쩌랴. 그런데 씹는 횟수가 거듭될수록 점차 묘한 맛을 느낄 수 있다. 어디 그뿐인가? 보이는 것도 들리는 것도 달라진다. 이 맛을 제대로 본 사람이라면 흔히 세상에서 재미있다고 흥분하는 것들이 심드렁해지고 만다. 하지만 어설프게 씹다 보면 병도 많이 생긴다. 그중에도 심각한 병은 '저만 잘난 놈'이 되고 마는 병이다. 이 병은 평범하던 이를 괴이한 사람으로 만들어버린다.

　만약 그것을 완전히 씹어 삼키고 소화까지 완벽하게 한 사람이라면 어떻게 될까? 그는 죽는다. 그리고는 전혀 새로운 사람으로 거듭 태어난다. 그에게는 완전히 다른 세상이 기다리고 있는데, 그 세계는 자유롭고 평화롭다. 누구를 만나도 걸림이 없고, 어딜 가도 괴로움이 없다.

　힘들고 괴로운 나날을 보내는 사람이 과연 남을 편

케 하고 남에게 베풀 수 있을까? 그건 이론상으로만 가능한 허구일 뿐이다.

싯다르타는 보리수 아래에서 '진리'라는 딱딱한 음식을 씹어 먹고는 죽었다. 그리고는 '부처'로 다시 태어난 것이다. 바로 그분이 가는 곳에서는 항상 연꽃이 피어나 향기로 가득했었다.

이들은 밤을 지새우며 가장 씹기 힘든 것을

씹어 먹고 소화시키려 하고 있다.

- 개화사 불자들의 금강경 독송.

건강하게 천수(天壽) 누리기

참 세상이 많이 좋아지긴 했나 보다. 이제는 천수를
누린다는 말이 별로 놀라운 일이 아니게 되었으니 말
이다. 그렇지만 아무리 오래 살아도 만족하지 못하는
것이 인간이다. 옛사람들도 얼마나 오래 살고 싶었으
면 세상에서 가장 장수한다는 것들만을 모은 십장생
(十長生) 병풍을 등 뒤에 두르고 살았으며, 기를 쓰고
불로초를 찾았겠는가.

진시황제는 자신이 이룩한 제국을 영원히 다스리고
싶었을 것이다. 그래서 불로장생하는 약을 구하기 위

해 수천의 동남동녀를 보냈으나 돌아온 사람이 없었단다. 만약에 불로초가 진짜로 있었다면 황제에게 바쳤을까? 어림도 없는 일이다. 불사(不死)의 삶을 꿈꾸는 것은 신분의 고하를 막론하고 똑같다. 제가 먹고 말지 뭣 때문에 힘들게 갖다 바치겠는가. 어차피 없는 불로초라는 것은 대개가 아는 사실일터. 파견된 이들이 아예 불로초를 찾지 않았을지도 모르는 일이다. 이미 비용도 넉넉하게 받았으니, 새로 찾아간 곳에서 눌러 앉는 게지.

이제 옛날에 비해 곱절은 더 오래 사는 세상이 되었다. 그러다 보니 예전엔 어쩌다 풍문으로나 듣던 '노망'이라는 것이 두어 집 건너의 일이 되었다. 이제는 노망이라고 하질 않고 치매라고 한다. 일종의 정신장애인 셈인데, 후천적으로 생긴 90여 가지 정도의 이유로 말미암아 생긴 퇴행성질환이다. 어쨌거나 뇌세포가 제대로 활동하지 못한 데서 기인한다는 말씀. 증상 또한 다양하게 나타나지만, 공통적인 특징을 꼽으라면 본인보다는 함께 사는 이들이 훨씬 더 힘들다는 것이다. 그런데 희한하게도 젊은 치매환자가 꽤 많다고 한다. 어린아이 때부터 죽어라 공부기계를 만들어 놓은 결과이다. 운동도 부족하고 뇌도 제대로 성장하지 못한 상태에서 단순암기식 공부만 죽어라고 하였으니, 두뇌에도 무리가 생길만하다.

뇌를 활용함에 있어서는 사람마다 차이가 있다. 본능에 충실한 사람은 1차적 뇌의 기능을 쓰는 사람이고, 감성에만 치우쳐 있는 사람은 2차적 기능까지 쓰는 것이며, 지성적인 활동을 하면 3차적 기능까지를 사용하는 셈이다. 그런데 3차적 기능이 망가지면 치매의 가능성이 높아진다.

얼마 전까진 암이라면 쩔쩔맸는데, 지금은 치매환자가 더 많다고 한다. 그럼 어떻게 해야 하나? 의학계에서 내어 놓은 답은 의외로 간단하다. 사실 평생 들어온 얘기일 터이니 별로 새로울 것도 없을 것이다. 그렇지만 충실하게 실천하는 이와 그렇지 못한 이의 차이가 있을 터이니, 잘 알아두면 좋을 것이다.

열심히 게으름 피지 말고 활동할 것이며, 특히 매일

일정 시간을 걷고 독서도 꾸준히 할 것. 밥은 담백하게 먹되 채식을 많이 할 것이며, 적어도 30번 이상은 씹을 것. 손으로 하는 일도 가능한 많이 할 것.

자! 이것을 단번에 만족시킬 수 있는 것이 없을까? 불자라면 참 해결하기 쉽다. 바로 신행생활을 열심히 하는 것이 가장 쉬운 해결책이 된다. 적당히 걷게도 되고, 법당에서 예참도 하며, 정근할 때는 단전에 힘을 모아 나쁜 기운 다 토해내고, 법문 들을 때는 깊이 사유해야 하며, 독경할 때는 뜻도 살피며, 좌선시간에는 맑은 거울처럼 앉았으니 어찌 치매가 오리오.

그래서인가? 아직 치매에 걸렸다는 노스님을 직접 만난 일 없고, 열심히 신행하는 불자들도 대개 백수까지 정정하기만 하더라. 건강하기만 한 것을 깨닫는 것에야 견줄까마는, 몸과 정신이 맑고 정정한 것도 큰 복이다.

매일 법당에서 기도하고 좌선하는 팔순의 보살님을 보면서, 건강한 정신이 건강한 몸을 유지케 한다는 것을 새삼 새겨보게 된다. 흔히 하는 얘기처럼 모든 이

건강하게 천수(天壽) 누리기 201

들이 부디 99세까지 팔팔하게 사시기를 기원해 본다.
해탈에 이른다면 더더욱 좋은 일이고.

부처님 오신 날 이른 아침부터 수많은 사람들의

공양을 준비하시는 팔순의 보살님들.

- 2013년 5월 17일 촬영.

제
36
화

고귀한 사람이 되는 법

워낙 시골이어서 그랬었나 보다. 1950년대의 지리산 아래였으니 말이다. 설날이 되면 동네 어른들이 아버님께 세배를 왔는데, 이상하게도 마당에 멍석을 깔고 거기에서 세배를 했다. 그이들에게는 마루로 올라오라는 말도 없이 멍석에 개다리소반이 주어졌다. 이것이 나에겐 수수께끼였다. 난 분명히 마루에서 세배를 올리고 방에 들어가 세뱃돈을 받았는데, 어째서 어른들이 나보다 두 단계 아래에서 절을 한단 말인가?

또 하나 괴이쩍은 일이 있었다. 내가 이웃 아이들과

싸우면 이웃집 어른이 자기네 아이만 혼을 내는 것이었다. 돌아서서 생각하면 분명 내가 잘못한 일이었는데도 말이다. 아니, 어느 부모가 제 자식만 혼내고 싶겠는가. 나중에 알고 보니 그들은 내 부모님 젊은 시절까지 우리 집의 하인이었던 것이다. 물론 내 어릴 때는 자유인의 신분이었지만 언감생심 맞먹을 생각은 꿈에도 못했던 모양이다. 그래서 자식인 나에게까지도 잘못에 대한 꾸지람 한번 제대로 못 한 것 같았다.

자라면서 점차 궁금해졌다. 양반과 상놈에 대한 설명을 듣고 난 뒤부터였다. 그래서 자세히 살피기 시작했다. 그랬더니 하인이었다던 사람들의 언행이 내 부모님의 그것과는 판이했다. 그들은 자기 아이들을 꾸중할 때도 참 험악한 말을 했다.

"이런 빌어먹을 놈아!"

"이 호랑이가 물어갈 놈아!"

"이런 오살을 맞아 죽을 놈아!"

오살(五殺)은 몸을 다섯으로 나눠 죽이던 사형의 형태인데, 그런 말을 자식에게 막 쏘아붙이고 있었던 것.

가만 생각해 보니 나는 아버지와 어머니에게 그런 욕을 들은 적이 없었다. 네 살 때쯤 아이들과 어울려 몸이 불편하셨던 동네 어른을 놀렸을 때도, 불러놓고 이해를 시킨 후 내 동의를 구하고는 회초리로 종아리를 치셨다. 그것이 내 평생 부모님으로부터 맞은 유일한 매였다.

　사람들은 지금도 여전히 '신분상승'을 꿈꾼다고 들었다. 그런데 그 '신분상승'이라는 것이 무엇을 뜻하는 것일까? 각종 언론에서 보도된 것을 종합해 보면 아마도 부자가 되고 높은 자리에 오르는 것을 뜻하는 것 같다. 만약 사람들이 그렇게 신분상승이 되길 바라고 있다면, 그 생각에는 여전히 귀천이 존재한다는 것 아닌가. 비록 양반과 상놈이라는 말은 사라졌지만 말이다. 그렇지만 이건 아시나? 그런 신분상승은 곧바로 추락으로 이어질 수도 있다는 것을. 지금도 쉼 없이 보고 있지 않은가.

　부처님께서는 귀천에 대해 이렇게 말씀하셨다.

　"날 때부터 천한 사람이 되는 것은 아니다. 태어나

면서부터 고귀한 사람이 되는 것도 아니다. 천한 언행을 하면 천한 사람이 되고, 고귀한 언행을 하면 고귀한 사람이 된다. 남에게 손가락질 받기 싫다면 스스로 천한 언행을 멈춰야 하며, 남으로부터 귀하게 대접 받으려면 자신이 먼저 고귀한 언행을 해야 한다. 사람은 말과 행동에 따라 천하게도 되고 귀하게도 되는 것이다."

절대로 추락하지 않는 것이 있다. 그건 고귀한 영혼이다. 고귀한 영혼을 지닌 사람이라면 절대로 추악한 말을 하진 않을 것이다. 더더군다나 추악한 짓거리야 할 리가 없지 않은가. 그런 이는 비록 못난 사람들의 질투를 받거나 오해를 살지언정, 스스로 추락하지는 않는다. 부처님이나 예수님처럼.

고귀한 사람이 되면 좋겠지. 암 그렇고말고. 그러려면 서로 고귀하게 대하는 연습을 부지런히 해야 하지 않겠는가. 자신은 남 험담이나 하고 자기 이익만 챙기면서, 남에게 귀하게 대접받기를 바랄 수야 없지 않은가. 서로서로 챙겨야지……

아, 물론 스스로의 삶이 정말 고귀해진다면 더 말할 나위가 없겠지.

이렇게 태어난 것일까 아니면 이렇게 된 것일까.

- 인도 갠지스 강변의 새벽. 2009년 12월 9일 촬영.

제
37
화

경보장치가 울리고 있지 않은가

어릴 시절 고향집 담장은 온통 장미로 가득했다. 동네 사람들이 한마디씩 하고 지나갈 만큼 흙돌담을 뒤덮은 덩굴장미의 향기는 사람을 취하게 했었다. 엄하기로 유명했던 아버님은 겉으로 드러낸 적이 없었지만, 마을에서도 가장 아름다운 화단을 가꿀 만큼 속마음이 따뜻하셨던 것 같다.

이런 분위기에서 성장한 덕분인지 나는 장미를 참 좋아한다. 그래서 가는 곳마다 장미꽃밭을 만들곤 했다. 그러나 그 꽃밭에서 몇 년 동안 계속 멋진 장미꽃을 보는 것은 참 어려웠다. 대개 몇 년이 지나면 점점 사라지고 마는 것이었다. 그걸 보면서 항상 내 정성이 많이 부족한가 보다 하며 약간씩 자책을 하곤 했었다.

전문적으로 포도원을 하는 곳에 초청을 받아 간 일이 있다. 와인을 만들 수 있는 다양한 품종의 포도를 가꾸는 그 포도원에서 한 가지 재미있는 광경을 목격했다. 수령별로 정리된 포도나무 맨 앞에는 하나같이 장미가 심어져 있었던 것이다. 처음엔 장식으로 심어져 있으려니 생각했다가 이상해서 물어봤더니 병충해 경보장치라는 것이었다. 장미는 향기롭고 아름답지만 다른 식물보다 병충해에 약하다는 것이었다. 농장 주인은 장미의 상태를 보며 포도나무의 병충해를 미리 예방할 수 있다는 것이었다. 장미꽃밭을 오래 가꾸기 어려웠던 나의 오랜 수수께끼가 풀리는 순간이었다. 예쁘다고만 생각했던 장미에게 이런 비밀이 있었다니.

우리 주위에는 포도밭의 장미처럼 도처에 경보장치가 작동하고 있다. 도로에도 노란불이 깜박이며 달리지 말라고 알려주고 있고, 집에도 가스누출경보기 등이 때때로 요란하게 우리의 경각심을 일깨워 준다.

사실 우리 몸도 이 경보장치가 탁월하다. 사려 깊은 사람이라면 금방 자신의 몸에 이상증상이 나타나고 있음을 알 수 있을 정도이다. 그러나 대체로 자만심이 그 경보장치를 무용지물로 만들고 만다.

우리의 정신은 어떨까? 장미의 예에서 알 수 있듯이 약한 부분이 바로 경보장치가 된다. 우리에게 가장 약한 부분은 매우 섬세하다고 말할 수 있는 감성이리라. 감성을 잘 활용할 수 있는 사람은 참 아름다운 삶을 살곤 한다. 그런데 이 감성을 잘못 다루어 거칠게 내닫게 되면 심각한 문제를 일으킨다. 결국 다른 사람에게 감정적이라는 평가를 받게 되고 마는 것이다. 감정이 심하게 요동치는 사람이거나 아니면 아주 무겁게 가라앉아 있거나 하는 경우라면 다음 단계로 진행될 것이라는 경보라고 할 수 있다.

문화나 종교의 경우도 예외는 아니다. 세계의 역사를 살펴보면 특정지역에 어떤 종교가 쇠퇴하기 전에도 이 경보장치가 반드시 작동했던 것을 알 수 있다. 그러나 당시의 지도자들은 그 경보를 무시해 버렸다. 현자(賢者)들이 없었던 것은 아니로되 오히려 그들의 충고를 불순한 행위로 취급해 버리기 일쑤였다.

지금 우리의 몸도 정신도 계속 경보가 울리고 있다. 어떤 새로운 바이러스가 생기기만 하면 면역력이 약해진 우리의 몸은 집단적인 위기에 이르고, 여유를 잃어버린 정신은 인터넷의 악성댓글에서도 알 수 있듯이 집단적인 구토증을 앓고 있는 것이다. 어디 그 뿐인가? 사회를 이끌어갈 대표적인 집단인 종교에서도 계속 경보가 울리고 있다.

우리는 너무 무디어져 있는 것인가? 아니면 애써 모른 체하고 있는 것인가? 빨리 깨어나지 않으면 장미뿐만 아니라 모든 포도밭이 황폐해져 버릴지도 모를 일이다.

현명한 아비는 게으르기 짝이 없으면서도 욕심만 많은 자식들에게 이렇게 유언했다지? "저 과수원에다 내가 보물을 숨겨 두었느니라. 열심히 파 보면 찾을

수 있을 것이다." 파고 또 파다 지친 아들들은 가을이
되어서야 비로소 과수원에 주렁주렁 달린 과일이 아
버지가 감춰 둔 보물임을 깨달았다지.

스페인 와이너리 비냐 뻬드로사의 포도밭 장미.

- 2008년 촬영.

비어 있음의 소중함

어린 시절엔『서유기』를 처음 봤을 때 이해되지 않는 내용이 많았다. 그중에서도 모진 고생 끝에 천축에 이르러 여래를 뵙고 돌아오는 길에 경전이 바람에 날리는 장면이 나온다. 그때 그 경전은 백지였고, 손오공이 여래께 화를 내면서 따진 후 비로소 글자 가득한 경전을 얻어 돌아온다. 부처님께서 백지경전을 주신 도리를 완전히 깨달은 것은 출가하고 난 뒤였다. 무릇 말이나 글자라는 것이 진실을 전달하는 가장 편리한 수단이면서도 또한 가장 어쭙잖은 것이라는 것을 아는 이들은 다 안다.

　고등학교 때 통도사를 처음 참배하게 되었다. 그런데 대웅전이 이상했다. 부처님이 계실 자리가 텅 비어 있는 것이 아닌가. 덩그러니 놓여 있는 방석을 보며 부처님은 어디로 가버리셨나 의아했었다. 유리 너머로 보이는 사리탑은 어린 내겐 너무나 먼 세계였던 것이다. 바로 그 빈자리가 너무나 편해진 것 또한 출가한 후의 일이다.

　1990년대 말쯤 숭산(崇山)의 소림사(少林寺)를 찾았었다. 달마대사께서 머무시면서 유명해지기 시작한 곳이며, 한국불교에 지대한 영향을 미친 곳이기에 어린 시절부터 가보고 싶었던 곳. 그래서 달마동(達摩洞) 오르는 계단을 숨 가쁜 줄도 모른 채 선두에서 뛰다시피 올랐었다. 그땐 지키는 이가 없었기에 나는 빈 동굴에 오래 앉아 있었다. 그리곤 입을 꽉 다문 달마대사와 눈 속에서 팔을 자르는 혜가대사도 만날 수 있었다.

　2010년 동문스님들과 다시 소림사를 찾게 되었다.

소림사의 분위기는 이전에 비해 한결 수행도량다운 분위기가 보여 희망적이었다.

달마동 오르는 길은 별로 달라진 것이 없는 듯했다. 초조암(初祖庵)까지 오르는 길도 기억 속의 바로 그 길이었다. 그리고 일직선으로 오르는 돌계단도 여전했다. 그 계단을 오를 때 심장이 쿵쾅거리는 것도 같았다. 달라진 게 있다면 중간쯤에 음료와 기념품을 파는 천막이 들어서 있다는 것과 내 가슴이 많이 숨가빠하는 것이었다. 그래서 이번엔 후배들을 먼저 보낸 채 혼자 후미에서 쉬엄쉬엄 올랐다.

이윽고 달마동에 이르렀을 때 숨 가쁜 것도 심장의 쿵쾅거림도 곧 조용해졌다. 텅 비어 있어서 꽉 찬 동굴이었던 이전의 그 달마동이 아니었기 때문이다. 습기 찬 어두운 동굴 가운데는 달마상이 모셔져 있었고, 그 뒤로 바위벽은 잘 보이지도 않았다. 달마상 앞에 놓인 공덕상(功德箱-복전함)과 눅눅한 향로, 절을 하는 무릎을 축축하게 만드는 참배대가 참 사람 서글프게 만들었다. 달마대사는 이미 오래 전에 총령(파미르고원)을 넘어가신 듯했다.

달마대사께서 오고 가셨던 길이며 혜초스님과 현장 삼장이 오고 가셨던 불법전래의 길인 달마로드(실크로드)를 몇 차례에 나눠 따라가 보았었다. 물론 잘 닦인 고속도로와 편리한 교통수단을 활용하는 방법이었다. 그럼에도 그 길은 삶과 죽음이 찰나 간에 있음을 너무나 잘 느낄 수 있는 험난한 길이었다. 그 길을 오직 구법과 전법이라는 원력으로 목숨을 걸고 오갔을 선배스님들의 발자취는 참 아득하기만 했었다.

불교공부를 시작했을 때도 달마로드의 그 거칠고 끝없는 길처럼 아득하기만 했었다. 그래서 무조건 채우기로 작정하고 손에 잡히는 대로 머릿속에 집어넣기 시작했다. 법화경을 시작으로 해서 고려대장경 전부를 탐독하고, 천태·구사·유식·중관·인명학을 비롯한 대소승의 불교학을 섭렵했지만, 진짜로 채우고 싶었던 것은 하나도 채워지지 않았었다. 그리고 이윽고 '빈 길'임을 깨닫게 되었다.

사람들은 행복을 찾아 평생을 헤맨다. 어린 시절의

내가 그랬던 것처럼 끝없이 채울 것을 찾아다닌다. 그러나 그것은 영원히 불가능한 방법이다. 그래서 부처님과 조사님들은 잘 꾸며서 보여주셨다. '그렇게 찾아다니지 말고 마음을 비우라'하시며 경론에서 설파하신 것이다.

그러나 그 가르침을 좇는 사람들은 부질없이 채우려고만 한다. 달마동에 가짜 달마상을 채우듯이.

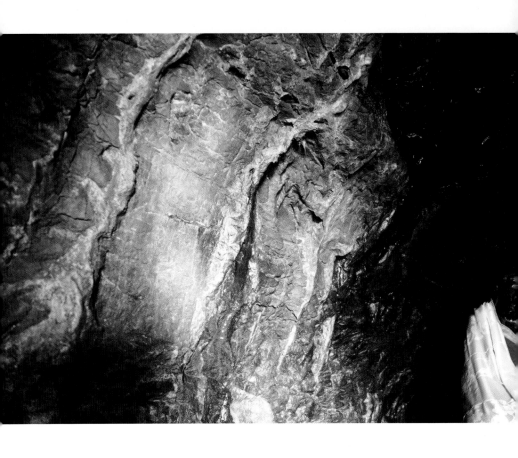

달마대사께서 면벽9년 하셨다는 달마동(達摩洞).

텅 비어 있던 동굴은 사람들이 보고 싶어 하는

마음 따라 채워지기 시작했다. - 2010년 촬영.

거울 보기

백설 공주의 계모인 왕비는 늘 거울을 보며 물었다. "거울아! 누가 세상에서 제일 예쁘지?"그러면 거울은 언제나 "백설 공주!"라고 답했다. 어라, 이게 무슨 가당찮은 말이람? 아참! 왕비가 물어본 것은 요술거울 이라고 말하지 않았던가?

일반거울은 멍청해서 말이 없다. 거울은 참 고지식 하다. 그냥 앞에 있는 것 보여주는 것밖에 모른다. 멀 리 있는 애인을 보여 달라고 애원해 보라. 그렇잖으면 깨뜨린다고 험악하게 협박해 보라. 거울은 묵묵히 협

박하는 그대를 보여줄 것이다.

어릴 때 백설 공주를 읽고는 나도 그 요술거울을 갖고 싶었다. 그 거울 하나만 있다면 내일 무슨 일이 일어날지를 알 수 있을 것이다. 그래서 며칠 동안 진지하게 빌었다. "하느님, 부처님, 예수님! 저에게 요술거울 하나만 주세요!" 어지간히 지극했나 보다. 백발할아버지가 거울을 들고 나타나 물었다. "요술거울로 뭘 하려느냐?" "제가 앞으로 뭣이 될지를 알고 싶습니다." 백발할아버지가 혼잣말처럼 중얼거렸다. "그게 잘될지 모르겠구나." 암튼 거울을 받으려는 순간 누가 소리쳤다. "얘! 일어나 세수해라!"

사람들은 대체로 사물을 눈으로 본다고 생각한다. 천만의 말씀이다. 감정으로 보는 경우가 대부분이다. 무슨 말인고 하니, 자기가 보고 싶은 대로 본다는 뜻이다. 좀 더 구체적으로 말하면 자기 안의 감정으로 굴절시켜 왜곡된 것을 본다는 것.

백설공주의 계모인 왕비처럼 분명히 자기의 얼굴을 대하고 있으면서도 사람들은 거울 너머의 환각을 본다. 거기에는 유명한 배우를 비롯한 선망의 대상이 있는 것이다. 그래서 자기 얼굴에 그림을 그리기 시작한다. 변신하려는 것이다. 가자! 스타의 세계로…….

거울에도 오목거울과 볼록거울이 있다. 필요에 따라서는 그것도 쓸모가 있다. 흔히 굽은 도롯가에 서 있는 볼록거울이나 오목거울을 봤을 터. 그런데 자기의 얼굴을 그런 거울에 갖다 대면 즉시에 오묘한 얼굴로 변한다. 그래서 화장할 때는 절대로 그런 거울을 보진 않는다. 반듯한 거울이라야 '고치는 일'을 제대로 할 수 있도록 도와주기 때문이다.

그와 같은 이치로 자기를 개선할 목적으로 종교나 어떤 가르침을 선택한다면, 모름지기 왜곡된 것이 아닌 바른 것을 선택하는 것이 필수다.

거울을 보라. 거기 자기의 모습을 볼 수 있을 것이다. 왜 그런 모습이 되었을까? 왜 만족할 수 없는 것일까? 왜 포토샵을 해야만 하는 것일까?

영혼의 거울이 있다. 부처님, 예수님, 공자님 등등. 그런데 그 영혼의 앞에 서서 무엇을 보고 있는가. 행여 자신의 굴절된 욕망만을 보고 있는 것은 아니겠지.

육조 혜능선사께서 말씀하셨지. "거울은 틀이 아니다." 그래, 늘 틀이 문제다. 나름대로 불교를 깊이 공부했다는 사람들마다 아주 큼직한 거울의 틀을 갖추고 있다. 그리고 그 거울에는 옳고 그름과 좋고 나쁜 게 나타난다. 그러니 그건 제대로 된 거울이라고 할 수 없다.

불교에서는 지혜를 중시한다. 맑은 눈과 같이 모든 것을 제대로 볼 수 있게 해주는 것이 지혜이기 때문이다. 이 지혜가 완전한 경지를 깨달았다고 표현하고, 또 다른 말로는 부처를 이뤘다고 한다.

부처님만이 가진 지혜가 있다. 그것을 대원경지(大圓鏡智)라고 한다. 그것은 세상 모든 것을 다 비출 만큼 크고, 잡티나 이지러짐이 없이 완벽한 거울처럼 세상 모든 것을 있는 그대로 비출 수 있는 지혜다.

아참! 그 거울에는 오직 평화로움과 자유로움만이 드러난다는 사실! 그러니 부질없는 것을 찾으려 애써 봐야 절대로 나타나지 않는다.

여기 멋진 거울이 있다. 모양 없는 부처님을 볼 기회이다.

– 인도 기원정사 여래향실. 2017년 2월 21일 촬영.

안쪽 작은 방이 부처님 머무시던 방이고 그 앞의

큰 방은 제자들이 법문 듣거나 질문하던 방.

제 40 화

영험 있는 일

처음 입문한 불자들과 얘기를 나누다 보면 무언가
특별한 경험을 하고 싶어 한다. 흔히 말하는 영험 있
는 일을 겪고 싶다는 말씀이다. 그래서 "불자님이 이
렇게 부처님 앞에 서 있는 그 자체가 영험이라고 할
수 있답니다."라고 말해주면, 웬 뚱딴지같은 얘기냐
는 표정으로 멀뚱히 보곤 한다.

처음 종교에 입문한 이들은 일상적인 수위를 넘어서
는 아주 특별한 경험담을 들으면 귀를 기울인다. 그래
서 예로부터 '영험록(靈驗錄)'이라는 게 베스트셀러가

되었던 것이리라.

1990년대 중반, 병색이 완연한 한 보살님이 승용차에서 내려 부축을 받고는 미타사종무소로 들어섰다.

" '자비의 전화' 방송을 통해서 스님을 알게 되었습니다. 죽기 전에 스님을 한번 뵈었으면 하고 찾아왔습니다."

보살님은 금방이라도 숨이 넘어갈 듯한 목소리로 사연을 밝혔다.

"지금 병원에서 오는 길입니다. 골다공증과 합병증으로 살날이 두어 달 남았답니다."

"병원 의사가 염라대왕도 아닌데, 어찌 인명을 단정짓고 그런담."

"스님! 제가 건강해질 수가 있다는 말씀입니까?"

"글쎄요, 미래는 아무도 단정 지을 수 없다는 말씀이지요."

"스님 시키는 대로 다 할 테니 방법을 가르쳐 주십시오."

"그런 간절한 마음이라면 부처님께 절을 올리며 원

을 세워 보십시오.”

“제가 몸 가누기도 어려운데……, 얼마나 해야 하겠습니까?”

“삼천 배를 하시면 좋겠지요. 오늘은 백팔 배라도 하시고요.”

보살님은 그날 백팔 배를 하시고선 부축 받지 않고 걸을 수 있었다. 그날 이후 매일 예참 시간을 늘린 보살님은 결국 삼천 배를 몇 번이나 하였다. 그리고는 담당의사로부터 정상적인 활동을 해도 좋겠다는 말을 듣는 데까지 그리 오래 걸리지 않았다. 보살님은 몇 년간 미타사에 꾸준히 다녔지만, 장사한다고 바빠지더니 이런 저런 사정으로 소식이 끊겼다.

사람들은 그 보살님의 일을 두고 대단한 영험 사례라고들 했다. 그러나 사실 그 정도의 예를 들자면 내가 직접 겪은 일만 하더라도 책 몇 권은 쓸 수 있을 것이다. 안타깝게도 그 영험 있는 일을 경험한 이들도 다 죽는다. 죽는 순간 또 얼마나 안타까워하면서 갈까? 잠깐 시간을 연장한 일들이 무어 그리 대단하랴.

정작 내가 영험이라고 생각하는 것은 그 보살님의 건강이 밑바닥에 있을 때 절할 마음을 낸 일이다. 얼마 살지 못한다는 말을 들은 사람이, 그것도 뼈가 아주 약해져서 절을 하다가 부러져 버릴지도 모른다고 한 이가 과감히 삼천 배에 도전한 그 마음이야말로 영험한 것이다. 그러나 그 영험은 한계가 있다. 건강이 좋아지면 부처님께 모든 것을 던져 들어가던 마음이 점차 약해지다가 다시 옛날의 일상으로 돌아가 버린다.

삶은 참 불가사의하다. 상식으로는 도저히 이해할 수 없는 일들이 비일비재하게 일어난다. 특히 지극하게 신행을 할 경우에는 상상을 불허하는 일들도 막 일어난다. 그래서 영험 있다는 절도 생기고 영험 있다는 기도원도 생긴다. 그리고 영험을 기대하는 이들은 엄청난 돈을 내고서라도 그곳에서 영험을 얻고자 한다. 그런데 도대체 그 영험의 효과가 얼마나 오래 사람을 행복하게 해 줄까?

아주 심각한 병에 걸린 사람이 두려움을 딛고 부처

님 전에 섰다면, 그 마음이 곧 진짜 영험이다. 입시기도에 매달리던 이가 자녀의 불합격 소식을 듣고도 부처님께 예를 올릴 수 있다면, 그는 영험을 얻은 것이다. 어쩌다 사업이 망했을지라도 거래처를 찾아다니며 미안하다는 말을 할 수 있다면, 그의 마음이 영험한 것이다. 찰나마다 기대에 찬 시선으로 자신의 삶을 살피고 매사에 감사하며 어떤 일에도 걸리지 않는 자유로운 이가 있다면, 그는 최고의 영험 속에 있는 사람이다.

1995년 무허가상태의 미타사 모습.

절 같지도 않은 이곳에서 수많은 사람들이

마음과 몸의 병을 고치는 영험을 경험했다.

큰 사람 만들기

고향마을 뒷동산을 타고 계속 오르면 꽤 높은 늘봉산이 있었다. 내가 초등학교 다닐 때엔 사방에 나무가 거의 없는 공동묘지 구역으로, 아이들이 소를 먹이던 일종의 목장과도 같은 곳이었다.

오후 나절 소를 풀어놓고 주로 시간을 보내던 곳은 갈록재라는 고개였는데, 거기에서 산등성을 타고 한참을 올라야 늘봉산 정상에 이르게 된다. 꼭대기에 서서 사방을 둘러보면 서북쪽으로는 천왕봉을 중심으로 지리산이 누워 있었고, 남쪽에 펼쳐진 광양만으로 섬

진강이 흘러 들어가는 것이 한눈에 보였으며, 동쪽에는 군사기지가 있는 금오산이 당당한 모습으로 서 있었고, 동남쪽으로는 남해의 금산이 안개 속에 선경처럼 펼쳐졌다. 사방 백리가 넘는 광활한 대지를 보는 가슴은 무한하게 넓어졌고, 바다와 섬들은 온갖 꿈을 꾸게 하였다. 또한 잡힐 듯 가까운 하늘은 그 어떤 것도 이룰 수 있겠다는 자신감을 주었다고나 할까. 며칠마다 한 번씩 오르던 늘봉산 정상, 어린 나는 그곳에서 큰 세계를 알고 싶어 했다. 그것이 내가 열세 살 때까지 가장 좋아하던 놀이였다. 비록 나이는 어리고 몸은 작았지만, 한눈에 엄청난 세상 담는 법을 배웠기에 그곳에 서면 두려움이 사라지곤 했다.

요즘 아이들 보면 너무 불쌍하다는 생각이 든다. 생각해 보시라, 늘 보는 것이 벽이지 않은가. 아파트 방의 벽, 교실의 벽, 학원의 벽……. 아참, 벽이라도 보고 있는 아이는 좀 나은 편이다. 부모님께 효도하는 아이들은 1m이내의 교과서나 참고서만 볼 터이고, 약간 삐딱한 녀석들은 게임하느라 모니터만 볼 게다.

왜 다들 천재만 낳았지? 그렇잖은가! 지금 꼬마들하는 것 보면 그게 천재를 가르치는 프로그램이지 않은가. 그걸 어떻게 다 소화시키나? 어릴 적 천재라고 매스컴 탔던 사람들, 나중에 보면 대개 평범해지지 않는가. 인간의 두뇌는 스무 살이 되어야 정상적인 역할을 한다는 것이 전문가들의 설명이다. 그러니까 서너 살 때부터 쓸데없이 암기나 시키고 하면 오히려 두뇌 발달에 방해가 된다는 말씀. 뇌 연구하는 학자들은 '과외 중독'이라는 용어를 쓰더구먼. 애들이 계속 학원과 과외 선생들이 찍어 주는 것만을 공부하다 보니, 혼자서는 아예 공부하는 방법도 모르고 멍하게 있다네. 그래서 나중에 사회생활 어떻게 하누?

아이들을 정말 사랑한다면 스스로 느끼고 판단하며 결정할 기회를 많이 만들어 줘야 할 걸. 무엇보다도 큰마음을 갖게 해 줘야지, 암 그렇고말고!

수도시설이 열악하던 시절, 오랜 가뭄에 어쩌다 비가 오면 집에 있는 그릇 죄다 내놓고 빗물을 받았었다. 하지만 억수 장대비가 오더라도 고만고만한 그릇

크기만큼만 받을 수밖에 없었다. 비는 차별이 없으나 그릇에는 크고 작은 차이가 있기 때문이다. 큰 그릇은 좀 늦게 차지만, 양을 따지면 비교가 안 된다.

도공이 급한 마음에 좋은 흙으로 간장 담는 종지를 만들어버리면 다시 큰 항아리를 만들 수 없듯이, 소인배로 키워 놓은 아이는 어른이 되어도 소인배로 남는다. 어릴 적부터 경쟁만 한 애들이 어떻게 속 넓은 사람이 되겠으며, 속이 좁은데 어찌 큰 세계를 품을 수 있겠는가. 만일 자녀가 큰사람이 되길 바란다면 큰 세계를 품을 수 있는 큰마음을 갖도록 배려해야 한다. 큰마음이라야 스스로 판단하고 스스로 결정하며, 스스로 거두고 스스로 감내할 수 있다. 그러기 위해선 자녀들을 부모의 뜻에 가두지 말아야 한다. 넓은 세상을 보게 해주고, 많은 사람들과 어울리는 이치를 터득할 수 있도록 해줘야 한다.

넓고 큰 도회지라는 곳에서 살 만큼 살아본 지금, 어릴 적 늘봉산 정상에서 본 그 세상이 훨씬 큰 것이었음을 안다. 거기 늘봉산에서 본 세상에는 정해진 틀이

없었다. 옳음도 그름
도 없었고, 이익도 손
해도 없었으며, 성공
이니 실패니 하는 것
도 없었고, 내 편이니
상대편이니 하는 따위
가 없었다.

2010년 10월 21일 네팔 나가르콧(Nagarkot)의 일몰.

천지를 품는 것과 눈앞의 문장을 암기하는 것은 다르다.

제
42
화

행복과 불행의 모습

2010년 10월 16일 부처님께서 부왕의 간청에 따라 카필라를 방문하시어 머무셨다는 쿠단(Kudan)의 유적지에 서 있었다. 그곳은 부처님께서 석가족을 위해 법을 설하신 곳이며, 석가족으로부터 공양을 받으신 곳이기도 하다. 참배하는 내내 인근의 아이들이 몰려들어 따라다녔다. 어떤 애들은 노골적으로 '텐 루피'를 외치며 손을 내밀었다. 모른 체하고 참배를 다 마친 후, 버스 앞에서 줄을 세웠다. 그리고는 가져 온 볼펜을 꺼내 들었다. 그러자 줄은 순식간에 사라지고 아수

라장이 되고 말았다. 네팔 여행사 사장이 고함을 지르며 질서를 잡으려 했으나 불가능했다. 뿐만 아니었다. 내가 보는 앞에서 힘센 아이들이 꼬마들의 볼펜을 뺏었고, 어떤 아이들은 볼펜을 손에 쥐고도 '텐 루피'를 외치며 손을 내밀었다. 우리는 쫓기듯 뿌리치듯 버스에 올라 떠나야만 했다.

2010년 10월 18일 해질 무렵, 부탄 왕디포드랑 사원 앞의 작은 마을에서 아이들이 즐겁게 놀고 있었다. 나는 웃으며 아이들을 불러 모았다. 그리고는 "한국에서 온 스님이란다. 선물을 주고 싶은데 받으렴. 한국의 볼펜이란다." 그리고는 손에 하나씩 쥐어 주었다. 아이들은 수줍게 볼펜을 받아 쥐고는 "쌩큐!"를 연발했다. 그리고는 내 카메라 앞에 머뭇거리며 서 주었다. 한 사람씩 안아주고 싶었지만 혹여 오해라도 생길까봐 참았다. 그러나 내 마음도 아이들의 마음도 풍요롭고 맑음을 느낄 수 있었다.

같은 성지순례, 같은 행위였음에도 받아들이는 쪽의 태도는 판이했으며, 그것을 지켜보던 일행들의 마음도 또한 전혀 다를 수밖에 없었다. 그리고 보니 생각나는 것이 있다. 네팔과 부탄은 두 나라 모두 국왕의 권력이 국민에게로 넘어간 나라이다. 그런데 그 과정이 완전히 다름을 우리는 안다. 네팔은 왕족들끼리의 죽음의 피를 뿌린 이후에 국민에게로 힘이 넘어갔다면, 부탄은 국민들의 반대에도 불구하고 국왕 스스로가 권력을 국민에게로 넘긴 것이다.

네팔은 부처님과 인연이 있는 나라이지만 힌두국가이다. 일찍이 개방된 나라이며 전 세계 관광객으로 몸살을 앓을 정도로 수도 카트만두는 복잡하다. 그런데 웬일인지 거리의 네팔 사람들은 불만 가득하거나 아니면 비굴한 표정으로 비쳤고, 대낮의 거리에도 정신이 흐트러진 젊은이들이 비틀거리는 모습을 쉽게 볼 수 있다. 뿐만 아니라 어딜 가나 늘 손 내밀며 구걸하는 어른들과 아이들에게 시달려야만 했었다.

오래전부터 성지순례를 계획했기에 내 머릿속에는 '부탄은 행복지수는 높지만 참 가난한 나라'라는 정보가 입력되어 있었다. 그런데 그 정보 중 '가난하다'는 것은 완전히 잘못된 것이었다. 비록 며칠밖에 되진 않지만 부탄을 순례하는 내내 참 부자나라를 다니고 있다는 생각을 지울 수 없었기 때문이다. 도시는 정갈했고 사람들은 당당했다. 시골의 마을은 소박할지언정 결코 가난하다는 느낌을 주지 않았으며, 농사를 짓는 이들도 여유롭다는 느낌을 줄지언정 쪼들린다는 분위기는 찾을 수 없었다. 어린 아이로부터 청년에 이르기까지 건강한 모습이었으며 밝고 맑았다. 비록 네 도시를 며칠간 다녔지만 단 한 사람도 손 내미는 이를 만난 일이 없다. 그리고 무언가를 선물로 주면 주저하면서도 감사하게 받았다. 심지어 장사하는 이들도 매달리지는 않았다.

우리는 끝없이 행복을 찾아다닌다. 남녀노소 빈부귀천을 막론하고 한평생을 행복에 목말라하며 노래를 부르며 치닫고 있는 것이다. 그런데 바로 그 모습이 다른 사람들에게는 불행한 모습으로 비친다는 것이다. 타인에게 그렇게 보이는 사람이 스스로 행복할 수 있을까?

행복한 사람은 행복을 찾아다니지 않는다. 포기해서가 아니라 이미 만족하고 있기에 그런 것이다. 노력하지 않는다는 뜻은 아니니 오해는 마시라. 자기가 처한 그 상황에서 열심히 살아가야 하는 현실에 만족한다는 뜻이다. 행복은 어떤 물질적인 기준으로 정해지는 것도 아닐뿐더러 타인의 평가에 의해 정해지는 것도 아니다. 오직 자신의 마음에 여유와 평화가 있는 사람만이 행복하다고 할 수 있기 때문이다.

부탄에서 만난 아이들. 볼펜을 받고는 수줍게 '쌩큐'로

인사하던 아이들. 맑고 넉넉한 모습을 읽을 수 있었다.

– 왕디 포드랑 종 앞. 2010년 10월 21일 촬영.

알맞게 먹는 슬기로움

예전에 비해 훨씬 살기 좋아진 요즈음엔 건강이 주된 관심사이다. 평균수명이 팔십이라는 요즘도 사람들은 '구구팔팔'을 외친다. 백수(白壽-99세)를 누리며 팔팔하게 살고 싶다는 희망인 것이다.

오래 전 파키스탄 정부의 초청으로 불교유적지도 둘러보고 훈자마을에서 세미나를 한 일이 있다. 그때 훈자마을 사람들과 식사를 하면서 그들의 주식이라고 하는 거친 밀가루로 만든 차파티와 산양의 젖으로 만든 요구르트를 맛있게 먹으며 지냈다. 장관이나 장군들이 참석한 큰 행사였던 만큼 특식으로 양고기 바비큐 등이 있었지만, 내 입맛의 몫도 아니었고 훈자마을 사람들의 몫도 아니었다. 정부요인들의 넉넉한 몸과 훈자 사람들의 소박한 몸은 참 좋은 대조를 이루었다.

오키나와는 장수노인들이 많은 곳으로 잘 알려져 있다. 100세가 넘은 노인들이 400명이 넘는다고 하니 짐작할 수 있겠다. 그런데 미국식으로 식습관이 바뀐 젊은 층은 당뇨병이나 심혈관질환으로 병원을 많이 찾게 되었고, 일본에서의 장수 순위도 하위권으로 떨어져 버렸다. 반면에 나가노는 자연친화적인 생활을 하면서 새롭게 장수하는 지방으로 떠올랐고, 현재 일본에서의 장수순위가 1,2위를 기록하고 있다.

사실 장수하는 노인들은 왜 자신들이 장수하는지를 잘 모른다. 특별히 장수하려고 몸에 좋은 음식을 골라 먹거나 특별한 운동을 계획대로 한 것도 아니다. 이상하지 않은가? 건강을 위해 비가 오나 눈이 오나 헬스클럽을 다니거나 아니면 등산을 하거나 강변을 달리는 젊은 사람들은 병이 많은데, 어째서 예전처럼 거친 음식을 묵묵히 먹으며 그저 생활을 위한 육체 활동을 쉼 없이 한 것뿐인 노인들은 무병장수한다는 것인가?

그러고 보면 어떤 광고에서처럼 골라먹는 재미를 즐기는 사람들은 병도 골라가며 앓는 것처럼 보인다. 왜 그럴까? 아마도 그것은 탐욕이 병을 만든다고밖에 달리 생각할 길이 없다. 식탐은 과도한 비만을 불러오고, 그 과도한 육체는 세상의 병도 넉넉하게 친구 삼는다. 이것저것 세상의 온갖 재미있는 것 골라 체험할 재미를 위해 죽자고 돈 벌고 출세하려고 하다 보니 스트레스를 잔뜩 끌어안고 살게 되고, 그 스트레스도 또 갖가지 병을 친구 삼게 되는 것 아닐까?

잘 먹고 잘 살겠다는 모든 이들의 욕망은 보다 쉽게 보다 많이 생산하는 방법들을 연구하게 되었다. 그 새로운 방법이란, 살충제를 비롯한 각종 농약과 사료에 사용되는 각종 항생제와 화학제품인 영양제를 쓰는 것이었다. 그렇게 생산된 식료품으로 성장한 아이들의 몸은 이미 모든 항생제의 시험무대가 되었고, 더 이상 항생제가 듣지 않는 슈퍼박테리아가 만들어지고 있다.

스님들의 발우를 응량기(應量器)라고도 한다. 자기의 역량을 생각하게 하는 것이 응량기이다. 그래서 스님들은 건강을 유지하기 위한 최소의 양만을 감사하게 그것도 약처럼 먹는 것이다.

"이 음식 내 앞에 오기까지 애쓴 이들의 공을 생각하노라면, 공부가 부족한 나로선 차마 받기가 부끄럽네. 몸이 없으면 도 이루기 어려우니, 최고의 약으로 받아먹고 깨달음을 이루리."

어디 밥그릇 뿐이랴. 몸과 마음은 세상을 품을 준비가 되지 않았는데도, 그저 존경 같은 것을 탐하지나 않는지 잘 살필 일이다.

지나친 것은 부족함만 못하다. 이는 아마도 만고불변의 진리일 것이다. 그러니 오래 건강하게 살고 싶다면 가능한 소박한 음식을 감사하게 먹고 적극적인 활동을 하시라.

마음이요? 괜스레 남 미워하는 것 버리고, 자기 기분에 맞는 것만 찾는 것을 버린다면 마음이 비지 않을까요? 마음이란 게 비어 있을수록 좋다는 것 아시잖아요! 비어 있는 시간이 많을수록 자유롭고 편안한 시간도 그만큼 늘어날 것이고……. 그러니 행복하지 않겠습니까?

스님들의 발우공양.

밥과 국 그리고 반찬 네 가지 정도가 전부이다.

제
44
화

일하고 먹어야 건강하지

얼마 전에 큰 사형님이 입적하셨다. 스님들이야 다 알지만 일반 불자들에게는 잘 알려져 있지 않은 분이다. 수십 년 사형님을 지켜보면서 나 자신을 채찍질하는데 참 좋은 거울 같은 분이셨다.

선산의 작은 절, 절이라 하기엔 너무나 초라했던 초옥 한 채를 기반으로 밭을 일구고 과수원을 하며 선농일치(禪農一致)를 몸소 실천하신 분이시다. 신도도 없는 외딴 곳이었는지라 사찰의 운영이 순조로울 리가 없는 것은 불을 보듯 한 일이었다. 고심 끝에 사형님은 벌을 치기 시작했다. 그 벌들을 데리고 운수행각처럼 떠돌기를 꽤 오래 하셨는데, 그 고초를 말로 표현할 수 있겠는가. 어쨌거나 사형님으로 인해 빈촌이었던 인근은 꿀과 과일 등으로 수익을 늘려 가난에서 벗어날 수 있었고, 사찰도 제법 모양새를 갖추었던 것이다. 물론 말년의 사형님은 존경받는 어른으로 자리매김하셨다.

나라가 일본의 침탈로 허덕일 때, 독립운동의 선봉이셨던 용성 큰스님은 선농일치를 주장하셨다. 농사 짓는 것과 수행하는 것이 다르지 않다는 이 주장은 위기를 극복하기 위해 불교역사에 자주 등장했던 내용이다. 중국불교를 살펴보면 삼무일종(三武一宗)을 비롯한 수차례의 법난(法難) 등으로 여러 종파가 쇠퇴하지만, 스스로 생산적인 측면을 강조했던 선종(禪宗)은 큰 피해가 없었던 것을 알 수 있다.

선종의 생산적 노력을 단적으로 표현한 말이 백장청규(百丈淸規)로 알려진 '일일부작(一日不作) 일일불식(一日不食)'이다. 흔히 '하루 일하지 않으면 하루 먹지 않는다'는 뜻으로 알려져 있는데, 오해의 소지가 있긴

하다. 여기서 '부작(不作)'은 생산적인 활동을 하지 않는 무위도식(無爲徒食)을 가리키며, 구체적으로는 자기가 맡은 역할을 제대로 수행하지 않는 것을 뜻한다. 백장청규는 방대한 내용이다. 그 내용은 아주 구체적으로 소임의 역할을 명기하고 있는 것이다. 농사가 근본이었던 시절에 절에서도 각고의 노력으로 많은 전답을 확보했었다. 그 토지에 대한 생산적 활동과 수행이 별개가 아니라는 것이 옛 어른들의 생각이었던 것이다.

이것을 오늘 어떻게 적용해야 하는 것일까? 바로 부처님의 말씀에서 그 답을 찾을 수 있을 것이다. 부처님께서는 어떤 농부의 비아냥거림을 듣고는 '나도 농사를 짓는 사람이다'고 답하셨다. 물론 부처님의 논밭은 '마음'이다. 스스로 깨달아 이미 세상에서 가장 부자가 되셨고, 모든 사람들의 '마음밭(心田)'을 일궈 부자로 만들려는 농부라는 것이었다.

좌선도 염불도 독경도 법문도 생산적이지 않다면 농사를 잘못 짓고 있는 셈이다. 생산적인 활동이 멈춘 논밭은 황폐해진다. 황폐해진 땅에는 잡초나 가시덤

불만 무성해질 수밖에 없다. 만약 '마음밭'이 황폐해졌다면 범부중생이요, 옥토로 바뀌 있다면 그가 수행자이다. 수행자는 모름지기 사람들의 마음을 풍요롭게 할 수 있어야 한다.

사형님이 불꽃으로 사라지는 것을 지켜보면서 누가 그 전통을 이어갈 수 있을지가 염려되었다. 사형님이 하시던 일은 싫어하면서도 절만 물려받는다면 시골 산자락의 절이 피폐해질 것이 분명하기 때문이다. 어디 작은 절뿐이겠는가. 종단도 종교도 예외가 아니다.

한때 모든 국민이 하나의 종교를 신봉했던 국가들을 여행하면서 깨닫는 것이 있다. 베풀지 않았던 종교는 망했다. 무위도식했던 종교도 망했다. 감투나 이익만을 챙기려한 종교도 역시 망했다.

우리는 스스로를 농사짓는 사람이라고 하신 부처님을 스승으로 모셨다. 그런데 제자들은 농사를 잘 짓고 있는 것인가? 아직 망하지 않은 것으로 봐서 많은 이들이 열심히 농사를 지었다는 것까지는 알겠다. 그런데 앞으로도 그러할까?

일하지 않고 먹기만 하면 병이 생긴다. 자신의 건강한 삶을 위해서라도 열심히 일한 후에 먹어야 하지 않겠는가.

1960년대 스승님을 모시고 수행하던 영구암에 만든 밭.

바위만 있던 가파른 골짜기에 열 떼기가 넘는 밭을 만들었다.

그 이후로 생산적인 수행을 멈춘 일이 없다.

제
45
화

많이 알면 행복할까?

2013년 예술의 전당에서 120년이 넘는 전통의 세계적인 악단인 '로열 콘세르트허바우 오케스트라'의 공연이 있었다. 정해진 프로그램을 다 마친 지휘자 마리스 얀손스와 오케스트라는 관중의 환호에 앙코르곡을 멋지게 연주해 주었다. 그때 옆에 있던 이가 고개를 갸우뚱거리며 말을 걸었다.

"스님, 저 곡목이 무언지 아셔요?" 마침 곡명이 떠올라 알려주고는 한마디 덧붙였다.

"작품 이름은 중요하다고 생각지 않습니다. 그냥 마

음껏 즐기시지요. 작곡가들도 제목을 크게 중시하지는 않았거든요. 그냥 작품번호만 있는 것이 훨씬 더 많답니다. 그 번호에 무슨 의미가 있겠습니까."

음악 감상을 좋아하는 편이라 좋은 공연이 있으면 나가곤 하는데, 가끔은 곤란하게 만드는 이들이 있다. 앞의 경우처럼 곡명을 묻는 이들이 있는가 하면, 아주 비아냥거리는 사람도 있다.

"아니 스님도 이런 곳엘 오셔요? 음악 감상해도 되나요?"

"우리는 작곡도 하고 편곡도 하며, 연주도 하고 지휘도 하는 걸요?"

"그게 무슨 말씀이셔요."

"우리가 하는 모든 의식이 음악 아닌 것이 없지요. 음악이 종교에서 시작된 것도 모르세요?"

이 정도 되면 대개 얼굴을 붉히고 사라지게 마련이다.

우리는 늘 '아는 것'에 목을 맨다. 그런데 그 '아는 것'이 우리를 정말로 행복하게 하는가를 진지하게 생각하려고 하지는 않는다. 그래서 앎에 대해 맹목적인 경우가 허다하다. 뿐만 아니라 잘못 알고 있는 것도 맞는 것이라고 고집을 피우게 되고, 앞의 예처럼 용감하게 상대를 비판 또는 비난까지도 서슴지 않는 것이다. 왜 이런 일이 벌어지는 것일까? '아는 것이 힘이다'라고 배웠기 때문이다.

출가 전 젊은 시절에 아주 많이 들었던 말 가운데는 '만난 사람 이름을 반드시 기억하라'는 것도 있었다. 그것이 상대방의 호감을 사게 되고, 사회생활 하는데 큰 힘이 된다는 것이다. 그러나 그건 진짜 아는 것도 아니었고, 또한 오래 힘이 되는 것도 아니었다.

출가하니 이번엔 의식문과 경전을 외우라는 것이다. 그뿐인가 법수(法數)니 뭐니 하며 용어를 외우는데 질릴 정도가 되었다. 물론 원해서 한 출가이니 다 이루긴 했지만, 늘 "이러면 깨달을 수 있을까?"하는 의문은 떨칠 수 없었다. 뿐만 아니라 기억하는 것이 많아지는 것과는 상관이 없이 마음속의 답답함은 더욱 심해지기만 했었다.

한국불교계에 법난(法難)의 광풍이 스쳐간 이후 나는 교학 전체를 정리해 봐야겠다고 작심했었다. 스스로가 마음을 정한 이후로는 한역대장경과 해외의 전적들을 펼쳐놓고도 더 이상 망설임도 없이, 밤낮으로 접하는 엄청난 용어에도 질리지 않고 나아갈 수 있었다. 그때는 이미 즐기고 있었기 때문이다. 그리고 몸의 고됨과는 상관없이 점차 편안해지고 행복해졌었다. 아! 오해는 하지 마시라. 내가 많이 알게 되어서 편안하고 행복하게 되었다는 뜻이 결코 아니니까.

불교에서는 지식(知識)을 '알음알이'라고 해서 깨닫는 데에 장애가 되는 가장 큰 요인 중의 하나로 본다. 왜 그럴까? 지식은 마치 포장된 겉모양과 비슷해서 내용물의 실체와는 전혀 다른 착각을 일으키게 하기 때문이다. 뿐만 아니라 지식은 이미 '아는 것'이라는 오해로 인해 더 이상 진실에 접근하지 않게 해 버린다. 키, 몸무게, 성명, 학벌, 회사의 직위, 사는 아파트 등등의 정보를 합쳐 그것을 '나'라고 정의해 버린 사람은 더 이상 '나'를 탐구하지 않는다. 그래서 '나'를 알지 못한다. 이처럼 지식은 진실로부터 멀어지게 한다. 도(道)에 대해 아주 멋진 설명을 장황하게 한다고 그가 도인(道人)이라고 할 수는 없고, 행복에 대해 열강을 토한다고 해서 그를 행복한 사람이라고 할 수는 없다. 그런 것들은 그저 알음알이일 뿐이다. 잠깐 아지랑이처럼 허공에 그림자를 만든 것과 같다는 뜻이다.

음악을 감상할 때는 즐겁고 행복해야 되며, 염불할 때는 부처님과 만나야 한다. 정좌하고 앉았을 땐 여래와 자리를 나눠 앉아야 하고, 경전을 읽을 때는 부처님과 환희롭게 대화해야 한다. 그래야 진정 행복한 사람이다. 만약 그렇지 못하다면 그저 '폼 잡는 것'에 불과하다.

2009년 12월 9일 인도 녹야원 불탑 앞에서

악기(목탁)를 연주하고 노래(염불)하면서,

한편으로는 부처님을 뵙고 설법을 듣고 있는 장면.

향기 만들기

40여 년 전 불교에 심취해 있던 고등학교시절에 나는 향에 깊이 빠져 있었다. 방학 때 머물던 절은 도심에 있는 절 같지 않게 조용했다. 뜰에는 비파나무도 있었고, 많은 꽃도 흐드러지게 피었는데, 그 꽃들의 향기는 황홀하기까지 했다.

나는 사루는 향도 좋아했다. 용돈이라고는 거의 없던 그 시절, 향을 구하기 위해 버스비를 절약했다. 한 시간 정도는 산책하듯이 걸어 다녔고, 그때 익힌 습관으로 나는 걸어 다니면서도 책을 읽을 수 있다.

당시는 좋은 향을 구할 수 없었다. '불서보급사'에서 구할 수 있었던 가장 좋은 향으로는 일본에서 법제한 '송죽매(松竹梅)'가 고작이었다. 뜰을 향한 남향의 방에 앉아 좌선을 하면서 나는 향에 시선을 던져두곤 했다. 햇빛 속에서 춤추듯 피어오르는 향연은 시계를 대신했다. 그때 결심했다. "출가하면 세상에서 가장 좋은 향을 구하리라. 그래서 불자들이 공부할 때 심신을 맑히는데 도움이 될 수 있도록 하리라."

수행생활을 하던 어느 해 팔만대장경을 완전히 살펴봐야겠다는 생각이 들었기에 중앙승가대학에 입학해 5년간 대장경을 비롯한 불교의 수많은 전적을 탐독했다. 그때 중국 청대에 편찬한 사고전서(四庫全書)의 영인본도 접하게 되었는데, 그 속에서 최초로 향에 대한 전문자료를 구할 수 있었다. 그토록 만나길 고대했던 향의 왕 침향(沈香)의 소식이 거기 있었다.

지극하면 기연이 생기게 마련이다. 문헌 속의 기록으로만 있거나 일본의 박물관에만 있을 줄 알았던 침향을 이윽고 만나게 되었다. 숯덩이 위에서 피어나는 침향과 만나던 순간 나는 신심탈락(身心脫落)의 경지를 체험했었다.

침향나무의 모든 것이 침향으로서 가치를 인정받지는 못한다. 침향나무에서 수지(樹脂)가 많이 모인 곳만을 알아주는 것이다. 수지는 상처가 난 곳이거나 나무에 이상 현상이 나타났을 때 그것을 치유하기 위한 반응에 의해서 응집된다.

모든 상처는 극복되면 아름답다. 상처가 없는 침향나무는 그저 평범한 나무가 되고 만다. 참으로 다행인 것은 외부로부터 상처를 받지 않는 나무는 없다는 것이고, 나무 자체로도 위기를 맞는 경우가 반드시 있다는 것이다. 그래서 침향나무가 죽게 되면 모든 것을 분석하지 않더라도 반드시 여러 등급의 침향을 얻을 수 있다고 생각하기에 통째로 침향나무를 구입한다. 반드시 천상의 향기를 품었을 것이라는 믿음을 주기 때문이다.

우리도 어떤 일로 상처를 받으면 얼마나 아픈가. 그러나 그 아픔을 통해 성숙되는 사람이 있고 좌절하는 사람이 있다. 좌절하면 비참해지고 극복하면 성숙한 사람이 된다.

아주 까칠한 사람이 있다. 오래된 상처를 그대로 안고 있는 사람이다. 뿐만 아니라 작은 일에도 상처를 받고 곧 곪는다. 곁에 가면 한기(寒氣)를 느끼게 되고, 기댈만한 품이 없다. 스스로 치유를 하지 못하는 사람이다.

향기로운 삶을 사는 이가 있다. 그는 그저 곁에만 있어도 그윽해진다. 품이 넉넉하고 따뜻하다. 그러나 그런 사람일수록 지난 일기장을 뒤적이면 차마 견디기 어려운 일들이 누구보다 많았음을 알 수 있다. 그 모든 것을 스스로 치유하면서 향기를 품게 된 것이리라.

쉽게 삶을 포기하는 이들이 날로 늘어간다고 한다. 삶을 포기하지 말고 자신의 집착을 놓아버리면 좋을 것을. 비록 어려움에 봉착하더라도 모두 슬기롭게 난관을 극복하여 향기로운 사람이 되길 빌어본다. 그래야 이 사회가 향기로운 정토가 되지 않겠는가.

대나무로 조각한 연로한 노스님의 상.

이 노스님에게서 평화로움과 향기가 느껴지지 않는가.

- 선물로 받은 골동품.

잘 사는 방법

'인생사 한평생을 어떻게 하면 잘 살다 갈까?' 어느 정도 세상을 산 사람들은 이런 생각을 하나 보다. 어떻게 사는 것이 잘 사는 것이냐고 묻고들 하니까 말이다. 똑 부러지는 답이 있어서 모범답안지처럼 쥐여주면 좋겠는데, 뭐 솔직히 말해 그런 답은 나에게도 없다. 그렇다고 묵묵히 있자니 더 답답해할 것 같아 한마디 붙이자면, 그 질문을 계속해서 자신에게 던지라고 권하겠다.

어린 시절 나는 '잘 사는 것'에는 별 관심이 없었다.

괜스레 책을 너무 많이 본 까닭에 죽음 이후의 세계에 관심이 많았다. 그래서 여기저기 닥치는 대로 조사해 보고 또 어른들에게 물어봤으나 알려주는 사람이 아무도 없었다. 하긴 누가 죽어봤어야 말이지. "에라, 내가 직접 알아보는 방법밖엔 다른 도리가 없다." 그래서 십대에 직접 죽음을 알고자 시도를 몇 번 해 보기도 했다. 그러다 어느 순간 생각을 바꿨다. "어떻게 죽는 것이 진짜로 멋있는 것일까?" 그런 후 돌이켜보니 내가 시도했던 방법들은 결코 멋있는 것이 아니라는 것을 깨달았다.

고승들의 전기를 보면 참 다양한 죽음이 있다. 개혁을 주도하다가 귀양 가 돌아가신 보우(普雨)스님, 정승이 되라는 황제의 명을 거역해 형장에 목을 맡긴 승조(僧肇)법사, 무덤에 신 한 짝만 남기고 서천으로 가셨다는 달마(達摩)조사, 물구나무를 서서 입적하신 은봉(隱峰)스님, 스스로 관속에 들어갔으나 빈 관만 남기고 사라진 보화(普化)스님 등등.

"어떤 게 마음에 드시오?"

그런데 처음 석가세존의 임종 모습을 대하면서 좀 어이가 없었다. "왜 부처님은 특별한 모습이 아닌 평상시 주무시던 그 자세로 돌아가신 것일까?" 아, 물론 가섭존자에게 관 밖으로 두발을 보였다거나 관이 허공에 솟아 안에서부터 불이 나왔다는 걸 모르는 바는 아니다.

나중에야 알았다. 그냥 평소대로 가신 것이 정말로 멋진 것이라는 것을. 부처님께서는 니르바나가 유별스러운 모습을 보이는 것이 아니라는 것을, 아주 고요하고 평화로운 '그것'임을 보여주신 것이다.

죽음은 어느 날 불쑥 나타나 "문안드립니다!" 인사를 건네는 객승(客僧) 같다. 도반들이야 미리 통지를 하고 약속을 한다지만, 객승에게는 그런 과정이 생략된다. 사람들은 참 긴 계획들을 세우지만 죽음은 그 계획을 고려해 주지 않는다. 생각해 보라. 그 누군들 조주(趙州)스님처럼 120세까지 살고 싶지 않겠는가. 하지만 조주스님께 여쭤봤더니, 그건 계획에 없던 일이었단다.

"그럼 잘 살려면 어떻게 해야 할까?"

이렇게 다시 물어온다면 한 가지는 말해 줄 수 있다.

"잘 살려면 미리 죽으면 된다."

오해는 하지 마시기를. 삶을 포기하는 자살을 말하는 것도 아니고, 요즘 유행하는 관 속에 누워보는 그런 퍼포먼스를 뜻하는 것이 아니다. 죽지 않으려는 그 마음을 죽이라는 뜻이다.

옛 스님들은 말씀하셨다. 혼신의 힘을 쏟아 올라가라. 그러면 장대의 꼭대기에 이르게 되리라. 그러나 꼭대기에 머물 생각은 하지 말라. 거기서 한 걸음 앞으로 가라.

"그럼 떨어져 다치잖아?"

"어림없는 말씀, 죽어야 하는 게지!"

놓지 않으려 집착하니 온몸과 온 마음이 멍투성이 상처투성이가 된다. 그런 이들에게 어느 때인들 두렵지 않은 순간이 있겠는가. 그러니 죽어라 용을 쓰면서도 편안하지도 행복하지도 않은 것이다.

잘 살펴보시라. 멋있게 사는 이들은 모두 꼭대기에서

뛰어내렸던 사람이었음을 알게 되리라. 이미 자존심도 죽고 분별심도 죽었는데, 남은 것은 멋있게 사는 길밖에 더 있겠는가. 그러나 멋있게 보이려고 남 따라 연기를 하지는 말 것. 그러다 정말로 큰코다치게 될 것이니.

과연 석가세존처럼 마지막 순간까지 고요하고 평화로울 수 있을까?

석가모니 부처님 열반상(임종의 모습).

참으로 고요하고 평화롭다.

- 미얀마 파웅도우 파야의 벽화. 2012년 11월 23일 촬영.

진짜 위대한 것

코흘리개 시절에 아버님은 위인에 대한 얘기를 많이
해 주셨다. 그중에서 아직도 기억에 생생히 남아 있는
것으로는 남이장군과 녹두장군의 얘기이다. 여름철
시골집 마당에는 대나무로 만든 평상이 자리했고, 아
버님은 더위를 잊기 위해 이슬이 내릴 때까지 그 평상
에 누워 이런저런 얘기를 많이 해 주셨던 것이다. 나
는 아버님 팔을 베고 모깃불 연기를 피해 얼굴을 아버
님의 품 쪽으로 돌린 채로 얘기를 듣다가 잠들곤 했었
다. 그런데 어린 내게 문득 풀리지 않는 의심이 생겼

다. 남이장군이나 녹두장군은 둘 다 자신들의 꿈을 제대로 펴지 못하고 죽는 결말이었다. 언젠가 아버님께 그것을 여쭈었더니, 아버님은 내 머리를 쓰다듬으며 말씀해 주셨다.

"네가 커서 어른이 되면 알게 될 게다."

아버님의 영향 때문인지 학교에 입학했을 때 내 취미는 책 읽는 것이었다. 4학년 때 처음 도서실에 드나들면서 가장 먼저 위인전을 읽기 시작했다. 징기스칸, 알렉산더, 나폴레옹 등등의 인물들에 대한 전기를 읽으며 어린 마음에 나도 그렇게 되어봤으면 하는 생각이 가끔은 들었었다. 그런데 어느 순간 그들이 과연 위인이 맞을까 하는 생각이 들기 시작했다. 끝없이 전쟁을 일으켜 많은 사람을 죽음으로 내몬 이들까지 위인이라고 하는 것에 대해, 어린 나도 완전히 찬성할 수 없었던 것이다.

어느 날 나다니엘 호손의 단편소설 '큰 바위 얼굴'을 읽게 되었다.

「소년 어니스트는 어머니로부터 마을 바위 언덕에

새겨진 큰 바위 얼굴을 닮은 훌륭한 인물이 나타날 것이라는 전설(傳說)을 듣는다. 소년은 커서 그런 사람을 만나보았으면 하는 기대를 가지고, 자신도 어떻게 살아야 큰 바위 얼굴처럼 될까 생각하면서 진실하고 겸손하게 살아간다. 세월이 흐르는 동안 부자, 장군, 정치인, 글을 잘 쓰는 시인들이 성공하여 귀향했다. 사람들은 그들이 바로 큰 바위 얼굴의 위인이라고 환영했으나 오래지 않아 주민들에게서 잊혀졌다. 그러던 어느 날 어니스트의 연설을 듣던 한 시인이 어니스트가 바로 '큰 바위 얼굴'이라고 소리친다. 하지만 할 말을 다 마친 어니스트는 집으로 돌아가면서 자기보다 더 현명하고 나은 사람이 큰 바위 얼굴과 같은 용모를 가지고 나타나기를 마음속으로 바란다.」

1990년대 후반 내가 총무원 국장 소임을 볼 때까지만 해도 대외적인 발표문에는 '2천만 불자'라는 문구를 넣었었다. 사람들은 마치 그것이 실제인 것처럼 착각을 했다. 한편으로는 그 가상의 숫자가 불교의 위대함을 증명하는 것처럼 떠벌리는 사람들도 많았다. 그것은 마치 유럽의 많은 나라에서 성당이나 교회가 텅 텅 비었어도 기독교국가인 것처럼 말하는 것과도 같은 허구일 뿐이다.

『금강경』에는 이런 대화가 있다.

"수보리여, 비유컨대 어떤 사람의 몸이 수미산왕과 같다면, 그대의 뜻에는 어떠한가? 이 몸이 크다고 하겠는가?"

"매우 큽니다, 세존이시여. 왜냐하면 부처님께서 큰 몸이라고 하신 것은 곧 큰 몸 아닌 것을 말씀함이오며, 그 표현이 큰 몸이기 때문입니다."

우리가 크다거나 높다고 하는 것은 그저 표현일 따름이다. 엄청난 업적을 들어서 위대하다고 하는 것도 그저 표현일 따름이다. 그러므로 높은 자리, 엄청난 부자, 수많은 추종자 등등의 표현이 행복한 사람을 뜻하는 것이 될 수가 없는 것이다. 왜 그 허구에 사람들은 그렇게도 목을 매고 있는 것일까? 아직 자신이 불행하다고 느끼기 때문이다.

부처님이나 예수님은 위대한 분이 아닌가? 물론 위

대한 분들이다. 그분들은 정말 자유롭고 행복하셨기
에 위대하다고 하는 것이다. 그런데 그들을 추종하는
사람까지 위대한 것은 아니다. 그래서 '부처도 예수도
넘어서라'고 강조하는 것이다. 넘어섰을 때 비로소 자
유롭고 행복한 사람이 되므로.

중국 사천성에 조성되어 있는 높이 71m의 낙산대불(樂山
大佛, 러산대불). 부처님은 크기와 상관없이 위대하시지만,
오히려 위대함도 초월하셨다. - 2013년 4월 2일 촬영.

착각에 빠져들지 말 것

차가운 바람이라도 쐴까 하고 뜰에 나섰는데, 어디선가 목탁 소리가 들려 왔다. 예불시간도 아니고 그렇다고 기도할 시간도 아닌지라 누군가가 목탁연습을 하나 했다. 한참을 거닐었는데도 아주 일정하게 들리기에 참 목탁을 잘 치는구나 하며 누구인지 찾아보기로 했다. 그런데 법당이나 선방이나 설법전이나 그 어디에도 목탁 치는 사람이 보이질 않는 것이 아닌가. 무엇에 홀렸나하며 유심히 들어보니 물탱크 쪽에서나는 소리였다. 가까이 가보니 수압을 올려주는 모터가 작동했다가 그치기를 반복하는 소리였다. 정수기를 틀어놓았기에 낮은 수압만으로도 충분하여 모터가 아주 짧게 작동하고 그치는 상황이 되풀이되고 있었던 모양이다. 그 소리가 내게는 영락없이 일정한 박자로 치는 독경 때의 목탁소리로 들렸던 것이다.

1990년에 제주도의 모 사찰에 주지로 있을 때였다. 주지실 바로 앞에는 두꺼비 형상의 바위가 있었는데, 무당들이 그 앞에서 기도할 수 있게 해 달라고 졸랐다. 허락을 하진 않았지만 밤중에 낌새가 이상하여 나와 보면 거기에 촛불을 켜고 기도(?)를 하는 것이었다. 신도들에게 그 얘기를 했더니 아주 오래전부터 그랬다고 했다. 어이가 없어서 "차라리 저 위의 삼장법사 바위에 가서 하면 더 좋겠구먼!" 했더니, 어디 있느냐며 궁금해하는 것이었다. 마당에 서서 산자락에 있는 바위 네 개를 가리키며 설명을 했더니, 영락없이 삼장법사와 세 제자라며 합장을 하였다. 그런데 그 뒤로 신도들이 절에만 오면 그 바위를 보며 합장을 하는 것이 아닌가. 신도들이 많이 모인 날 "계속 바위에 그러면 앞으로 내가 법문하지 않겠습니다. 어차피 여러분은 삼장법사에게서 법문을 들을 테니까!" 하며 선언을 했더니 겨우 수습이 되었었다. 농담처럼 한마디 했던 것인데, 수습하는 것은 그리 쉽지가 않았었다.

언젠가 뉴스를 보려고 TV를 틀었더니, '우 보살'이라며 소에게 절을 하는 모습이 나왔다. 뭔 소린가 하고 계속 지켜봤더니, 어느 사찰에 있는 소가 목탁 소리를 낸다는 것이다. 소가 혀를 돌리며 내는 소리가 어설픈 목탁 소리 비슷하기는 했다. 그렇지만 그 소 앞에서 스님과 신도들이 합장을 하고 절까지 하며 소원을 빌 것까지야 무어 있으랴.

어느 날 어떤 모임에서 영험 있는 절 얘기가 나왔다. 그 절에는 바닷가에 관음보살이 누워 계시는데, 거기에서 기도를 하면 백발백중 소원을 성취한다는 등의 얘기였다. 그러면서 그 절에는 인산인해를 이룬다는 얘기를 덧붙였다. 그래서 내가 한마디 했다.

"백발백중 소원을 성취하는 그런 곳이 있는데, 어째서 사람들은 이리도 힘들어하면서 살까요?"

사람들은 누구나 순간의 착각을 일으킨다. 모터 소리를 듣고 목탁 소리라고 착각하기도 하고, 바위를 보고 삼장법사 같다고 생각할 수는 있다. 소가 내는 소리를 목탁소리라고 들을 수는 있다. 그러나 거기에 소원을 빌면 이루어진다고 생각하는 것은 어리석음일 뿐이다. 게다가 그것을 사람들에게 홍보한다면 그것은 사기다.

경전의 내용을 조금 이해하는 것을 자기의 지혜라고 생각한다면 그건 착각이다. 불교를 공부하는 이들이 처음에는 흔히 이런 착각에 빠진다. 그때는 마치 천하를 얻은 듯 입만 열면 경전의 얘기를 쏟아내지만, 어느 순간 그 지식이 자신의 괴로움을 해결하는 데는 아무런 도움이 되지 못한다는 것을 알게 된다. 그런데 여기 두 갈래의 길이 있다. 착각인 줄 알았을 때 과감히 버리고 다시 시작하는 사람이 있고, 이제까지의 자신의 모습에 집착하여 착각이라는 것을 인정하지 않는 사람이 있다.

누구나 착각을 일으킬 수는 있다. 그러나 착각에서

벗어나지 못한 채 계속해서 그것을 쫓는 것은 어리석음이다. 만약 착각에서 벗어나지 못한 채 타인을 그릇된 길로 이끈다면 그건 죄악이다. 바로 그런 일들로 인해 사람들이 정법(正法)으로부터 멀어지는 것이다.

비타사 미륵불상은 하반신이 땅에 묻혀 있었고, 움직이려고
하면 즉사한다는 전설이 있었다. 내가 큰 바위 위로 올려 모실
때 곧 죽을 것이라는 소문이 무성했다. 하지만 죽지 않자
이번에는 대사님이 오셨다는 소문이 돌았다.

제
50
화

팥죽에서 조화를 배우다

어린 시절의 추억은 참 아름답다. 그 수많은 추억들 중에는 동지의 추억도 들어 있다. 50년대 말의 우리나라는 정말로 찢어지게 가난하던 시절이라고 표현되던 때이다. 그것도 지리산 자락의 산골이라면 또 어떠했겠는가. 그런데도 동지를 생각하면 언제나 아름답게 느껴지던 것은 흘러간 과거이기 때문만은 아니다.

추운날 팥을 고운다고 장작불을 때며 아궁이 앞에서 불을 지피던 기억도 따뜻한 것이며, 그 엄하시던 아버님과 온 가족들이 둘러앉아 새알심을 비비던 것도 참

훈훈한 추억이다. 거기 빠지지 않는 게 있다. 팥죽이 다 되면 흰 대접에 팥죽을 담아 옻칠한 소반에 올려두고는 오래도록 꿇어앉아 두 손을 비비던 어머님의 모습도 잡히고, 깨끗이 청소해둔 집안을 두루 다니며 팥죽을 뿌리시며 축원하시던 어머님 뒤를 따르던 꼬맹이 내 모습도 나타난다.

단순히 하나의 절기행사로만 보았던 동지가 다른 모습으로 보이기 시작한 것은 출가한 후였다. 처음엔 '왜 절에서 동지불공을 올리지?'하는 의문에서 거부감을 가졌었다. 불교학생회에서부터 교리적으로 불교를 배운 이력이 한몫한 셈이다. 그런데 다시 생각해보니, 이전의 훌륭한 스님들께서 동지불공을 올린 데는 그만한 이유가 있을 것이라는 생각이 들었다. 그래서 옛 추억을 다시 끄집어내어 분석해 보았더니, 전혀 다른 모습들이 보이기 시작했다.

동지는 정성으로 시작해서 나눔으로 마무리된다.

팥을 삶아 고아서 손으로 다 으깨 체에 거르는 작업은 그야말로 지극한 정성이다. 쌀을 가루로 내어 반죽

하여 기도하듯이 손을 비벼 새알심을 만드는 건 또 어떠한가. 이 과정들은 마치 우리가 제멋대로 버릇 들고, 화합하지 못하는 아만과 분별을 깨뜨리고 녹여 하나의 승가(화합대중)를 이루는 과정과 너무나 닮았다. 어머니가 아이들을 뒤에 달고는 집안에 골고루 팥죽을 뿌리며 나쁜 액을 몰아내려는 그 행위는, 마치 불보살이 일체 중생들을 번뇌의 재액으로부터 보호하고 벗어나게 하려는 염원과 자비에 맞닿아 있다. 집집마다 팥죽을 돌려 먹는 그 나눔의 행위는, 동지의 기나긴 밤처럼 끝이 보이지 않는 절망 속에서 불안에 떨며 힘들어하는 이웃들에게 아낌없이 베풀라고 가르치신 부처님의 말씀을 실천에 옮기는 일이 아닌가.

팥죽은 한마디로 희망을 비볐던 것이다. 그리고 그 희망을 서로 나눴던 것이다. 그 희망의 행위 속에서 어린 나는 늘 어머니의 품이나 아버님의 등 뒤가 그렇게 든든할 수가 없었다. 동짓날의 그 모든 것들이 어린 나의 불안을 없애주었고, 가족들의 그 어울림이 내가 혼자가 아니라는 것을 일깨워 주었으며, 팥죽을 들고 이웃집을 찾으며 거기 또 다른 사람들이 더불어 산다는 것을 알게 해 주었다.

오늘날 우리는 가족을 위해 어떤 축제를 벌이고 있는가? 겨우 케이크나 준비해 두고 촛불이나 불어 끄는 정도가 아닌가. 그것도 대부분 집안에서 정성으로 준비하는 것보다는 바깥에 나가 남의 손을 빌리는 모습으로 말이다. 거기에서 진한 가족애를 느끼기는 무언가 좀 부족하다. 게다가 그 모습에서 이웃을 향한 베풂 따위는 찾을 길이 없질 않은가. 그냥 끼리끼리 즐기는 것이라면 모를까, 희망을 만드는 것과는 참 거리가 먼 모습이다.

동지를 준비하다가 절 바깥세상을 흘깃 보았다. 불교와 기독교는 마치 새로운 적을 만난 듯이 상대를 지탄하고 있고, 휴전선의 남쪽과 북쪽에서는 서로 코앞에서 전쟁놀이라도 하듯이 실력행사를 하고 있다. 그 모습이 사람과 팥과 쌀과 물과 불이 만나서 만들어내는 정성과 조화와 사랑과 베풂의 팥죽과는 너무 다른 모습이 아닌가.

신도님들은 가마솥 앞에서 팥을 삶고 나는 법당에서
기도를 한다. 선방에서는 불자들이 이웃을 생각하며
새알심을 비비고, 불공 올리는 내 입에서는 세계평화
속성취와 남북평화통일원만성취의 축원이 흘러나온
다.

개화사 가마솥에 팥죽을 쑤는 신도들.

부처님의 가르침이 녹아 있는 수행이기도 하다.

내 영혼의 홍역

고1 1학기의 어느 날, 늦은 밤 시간에 나는 가방 두 개를 들고는 파김치가 된 채로 버스를 탔다. 늦게까지 도서관에서 시험공부를 하고 나왔기에 아주 많이 지쳐 있었다. 참으로 다행인 것은 학교 앞이 버스의 종점이면서 출발지였기에, 비록 몇 좌석밖에 없는 입석 버스였지만 잘하면 앉을 수 있다는 점이었다.

버스가 도착하자 나는 필사의 노력으로 좌석을 차지하고 눈을 감았다. 이제 한숨 자고 일어날 때쯤엔 종점에 가까운 집 앞에 도착하겠지.

버스가 두어 정거장 지나 섰을 때 웬 노인네가 다가왔다. 반사적으로 일어나야 된다고 생각했지만, 무릎 위의 가방 두 개를 보는 순간 나는 머리를 굴렸다.

"나는 오늘 새벽 5시에 집을 나왔고, 늦은 밤에 집으로 가고 있다. 지금 일어서면 앞으로 한 시간 동안 계속 서서 가야 할지도 모른다. 오늘은 교련 시간에 매우 힘든 군사훈련을 받았고, 체육 시간까지 겹쳐 진이 다 빠졌다. 배는 텅 비어 허기진 상태다. 게다가 나는 내일 중요한 시험을 봐야 한다. 나는 더 이상 힘이 남아 있지 않다. 그냥 모른 체하자."

순식간에 나 자신을 설득한 후 눈을 다시 감았다.

이상도 하지. 왜 그 무겁던 눈꺼풀이 가벼워지는 걸까? 금방이라도 잠들 수 있을 것 같았는데. 그리고 속으로 빌기 시작했다.

'제발 이 영감님이 한두 정거장 앞에서 내리기를……'

그러나 시간이 흐를수록 승객이 많아지면서 영감님의 몸은 내 무릎에 닿기 시작했다. 나는 다시 속으로 빌었다.

'제발 한 놈이라도 빨리 일어나 자리를 양보해라!'

그러나 실눈을 뜨고 살펴보니 옆의 녀석들은 완전히 잠든 체하고 있었다.

나는 점차 뭣 마려운 강아지처럼 되었다. 그렇다고 일어나 양보를 하기에는 한참을 늦었고, 그냥 내리기에는 주머니에 남은 돈이 한 푼도 없었다. 일어나 내리면 두 시간을 넘게 걸어야 하는 것이다. 20분이 지나자 머리가 아프기 시작했고, 30분이 지나자 몸에 열이 나기 시작했다. 40분이 되었을 때는 입 안이 바싹 타 들어가기 시작했다. 20분을 더 가야 했지만 결국 내리고 말았다. 그리곤 한 시간을 걸어서 집에 이르렀을 때 통행금지 사이렌이 울리고 있었다. 그날 밤을 열에 시달리며 꼴까닥 새우고 말았다.

출가생활을 하면서 나는 참 많이 그때의 일을 떠올렸다. 손익의 기로에 섰을 때마다 또다시 그때처럼 영혼의 홍역을 앓을 수는 없다고 생각하며, 손 안에 들어온 것을 놓아버리길 무수히 했다. 저만치 소위 높은

자리라는 것이 보일 때나 인기라는 것이 기다리고 있
을 때마다 나는 그 초여름 영혼의 홍역을 떠올리곤 했
다.

　점차 나이 먹어가며 이제 어른이 되었으니 대충 편
히 지내도 되지 않겠는가 하는 어쭙잖은 생각이 슬그
머니 일어날 때면, 밤새워 영혼의 홍역 앓았던 그날을
생각한다.

열 명도 들어갈 수 없었던 미타사 법당.

총무원 국장 소임을 볼 때 정말 좋은 절 주지를 할 수

있는 몇 번의 기회를 모두 사양하고, 1992년

가정집보다도 못한 무허가 미타사의 주지를 맡았다.

운세라는 것

우리나라 사람은 참 '운'이라는 말을 잘 쓴다. 과연 운이라는 것이 있을까? 운(運)이란 삶의 궤적이기에 당연히 있다. 지혜로운 사람은 어떤 사람의 현재를 보면 그 사람의 과거의 운과 미래의 운을 알 수 있다. 운이란 자신의 마음과 언행의 흔적이기 때문이며, 현재의 마음과 반응하는 것이 미래의 운이기 때문이다.

동양의 사상에는 일정한 방향성을 가진 운명이라거나 운수 같은 것이 있다고 생각했고, 그것을 어떻게든지 미리 알아내어 나쁜 일이라면 어떻게든 피하려 했고, 좋은 일이라면 그 효과를 최대로 만들고 싶어 했다. 일종의 예측과 예방의 지혜로 볼 수 있는 이 계산법은 아주 오래된 통계학과도 같은 것이며, 매우 광범위한 요소들을 동원해야만 비로소 그 효과를 어느 정도 얻을 수 있다. 요즘의 방법으로 보자면 각 연구소가 여러 자료를 바탕으로 해서 어떤 예상치를 찾아내는 것과 비슷한 것이다.

그러나 연구소의 전문가들이 엄청난 분량의 자료를 가지고 최첨단의 전산망을 이용하여 내린 예상치도 틀리는 경우가 매우 많다. 그 이유는 간단하다. 예측을 위해 활용하는 자료가 이미 굳은 과거의 것이거나 가상의 것임에 비해, 우리 삶의 현장은 매 순간마다 환경이 끝없이 바뀌고 사람들의 행위도 무수한 선택이 가능하기 때문이다. 그러므로 시간과 공간의 개념이 옛날과는 엄청난 차이가 있는 것을 계산에 넣지 않는다면, 옛날의 예측법이 얼마나 맞출 수 있는지는 의문이다.

불교의 입장에서는 바꿀 수 없는 운명이나 숙명 따

위는 없으며, 독자적으로 영원히 존속하는 것도 없다. 미래는 무한한 가능성으로 열려있는데, 다만 사람들이 하나의 외통수만을 보거나 몇 가지의 길을 볼 따름이다.

지금의 내 모습은 분명 이전의 내 사고와 행위의 결과이다. 그리고 나의 미래는 지금 내가 무엇을 어떻게 생각하고 어떤 노력을 하느냐에 따라 바뀐다. 미래는 정해진 것이 없다. 만약 정해진 것이라고 누군가가 말한다면 그것은 예측일 뿐이다. 운명의 열쇠를 개개인 자신이 쥐고 있는 것이지 다른 어떤 절대적인 신이나 힘에 있는 것이 아니라고 부처님께서는 가르쳐 주셨다. 그러므로 지금의 내 모습이 마음에 들지 않는다면, 지금까지 내가 한 일들을 돌아보고 잘못된 것들은 바꿔야 한다. 스스로 노력은 하지 않으면서 운명을 기다리고 예측하는 것은, 파도에 밀려가는 배 안에서 아무런 노력도 않고 어떻게 될까를 예측하는 것처럼 어리석은 것이다.

운세를 재미삼아 볼 수는 있다. 그러나 거기에 목을

매고 기다리고 있는 사람은 어리석다. 그것을 참고로 하여 언행을 더욱 조심하고 자신이 처한 현재의 상황을 차분히 살펴, 지금 당장 마땅히 해야 할 일을 살피고 실천하는 것이 가장 좋은 방법이다.

내일의 운을 알고자 하는가? 오늘 자신이 한 일을 돌이켜 보라! 내년의 운세를 알고자 하는가? 지난 일 년을 어떻게 살았으며 어떤 교훈을 얻었는지를 살펴 보라!

1992년 차 한 대의 주차공간도 없던, 무허가 오두막이었던 미타사가 여법한 도량으로 만들어진 것은 운세 때문에 그냥 된 것이 아니다. 5년간 불철주야 노력하여 이룬 불사이다.

– 1997년의 미타사 전경.

멋진 도량

불교의 모든 신행은 깨닫기 위한 노력이다. 일상적
인 말로 표현하자면 편안하고 행복하기 위한 노력이
공부인 셈.

공부하는 사람이 때와 장소를 가려서야 되겠는가마
는, 어쩌랴! 힘이 없을 때는 때와 장소를 가려야만 시
간 낭비와 체력낭비를 막을 수 있다. 사람은 환경에
대단히 민감하게 반응한다. 확실한 경지에 올라 어떤
곳에서도 흔들림 없이 공부할 수가 있다면 모르거니
와 그렇지 못하다면 환경이 잘 갖춰진 곳에서 공부하

는 것이 훨씬 효과적이라는 말씀!! 대개 가정에서는 쉽게 몸가짐이 흐트러지기 쉽고 잡다한 방해꺼리가 많다. 그러니 몸가짐을 조심해야 하고 경건한 마음자세가 필수적이며 대체로 고요한 분위기인 법당이 기본적으로 좋은 환경이 될 것이다. 신행은 숨쉬기와 같다. 언제 어느 곳에서나 숨을 쉬지 않으면 살 수가 없는 법. 그러니 때와 장소를 가리지 않고 신행(수행)을 해야 한다. 그렇지만 공기가 탁한 곳보다는 맑은 숲속에서 숨 쉬는 것이 건강에 좋을 것은 당연하고, 또 공기가 희박한 고산보다는 평지가 숨쉬기에 한결 수월한 법이니, 초보자는 잘 가릴 일이다.

수행하기에 좋은 도량은 어떤 곳일까?

우선 공부를 방해하는 요인들이 적은 곳일수록 좋다. 보통사람의 경우엔 소리에 민감한 반응을 보인다. 요즘에 특히 전화기가 울리면 반사적으로 궁금증을 일으키는 강박증까지 보이는 이들이 많은데, 이런 사람은 우선 전화가 울리지 않는 장소가 좋다. 공부를 하겠다고 정한 시간에는 본인의 휴대폰을 끄는 것도 필수. 법당은 기도나 예참을 하기에는 참 좋은 곳이다. 그러나 빈번하게 사람이 드나드는 곳이라면 참선하기에는 적절치 않다. 하긴 너무 사람이 많아 시끌벅적하다면 다른 공부도 방해를 많이 받을 것이다.

다음으로는 기운이 맑은 곳이어야 하는데, 우선 공기가 맑은 곳이어야 한다. 서울이라면 좀 어렵지 않을까? 그렇진 않다. 서울도 지금은 많이 좋아졌다. 당연히 지기(地氣)도 좋아야 한다. 쓰레기 매립지에 집을 짓고 살면 병에 걸릴 가능성이 농후하다. 그렇다고 옥산(玉山)에 살면 다 좋을까? 그렇지만도 않다. 터가 센 절에서는 일반인들이 오래 버티기 어렵다. 여러 가지 기운 가운데서 사람의 기운이 가장 중요하다. 여기에 해당되는 것이 도반과 스승이다. 도반들이 맑은 기운을 지녔다면 자신이 큰 도움을 받을 것이며, 도반들이 탁한 기운이라면 자신이 손해를 볼 것이다. 맑은 기운을 지닌 도반들은 대개 수행하기를 좋아하고, 또 긍정적인 사고를 한다. 스승은 자신의 기를 맑혀줄 힘이 있는 이를 말한다. 몸이 무겁다가도 스승과 함께 있으면 곧 몸이 가벼워지는 것을 경험한 일이 있을 것이다. 훌륭한 스승은 강력한 정화능력을 지닌 이이다. 같이 있으면 걱정이 사라지고 즐거워진다. 그러나 이런 기운보다 더 중요한 것은 바른 길을 가르쳐주는 능력이 좋은 스승에게는 있다는 것이다. 몸의 기운을 잠시 맑히는 것이야 돌아서면 다시 본래의 자리로 돌아가 버리지만, 바른 길을 지시받고 방향을 바꾸면 삶이 통째로 맑아지는 것이다.

만약 이런 요건을 갖춘 도량이라면 안심하고 원찰 (願刹—신행의 기본사찰)로 삼아 공부를 하면 될 것이다. 그렇지만 이 공부는 그 목적이 자신의 삶을 자유롭고 평화롭게 하는 데 있다. 그러므로 일상의 삶을 팽개쳐두고 언제까지나 좋은 도량에 머물 수만은 없는 법. 자신이 있는 일상의 터전을 수행공간으로 활용하는 것이 최선의 방법이다. 힘이 생기면 자신이 있는 곳을 맑힐 수 있다. 그때 말할 수 있을 것이다.

"스스로 어디에서나 주인의 역할을 할 수 있다면, 곧 모든 곳이 행복한 곳이다(隨處作主 立處皆眞)."

일요정기법회(如來使會)에서 경전공부를 하고 있는

개화사 불자들.

삼재풀이

삼재(三災)라는 말은 원래 불교에서 나왔지만 요즘에는 오히려 역술적인 의미로 많이 이해하고 있는 것같으며, 또 그것을 어떻게 풀어갈 것인지의 해결법도 비불교적 방법들이 많이 통용되고 있다. 불교적인 방법으로 지혜롭게 푸는 방법은 무엇일까?

불교경전에서 우주는 생성(成)·존속(住)·파괴(壞)·소멸(空)을 무한반복 한다고 설명하고 있다. 이 설명에 따르면 지구의 존속과 파괴의 기간에는 각기 세 가지 좋지 못한 일이 일어나는데, 이를 작은 삼재

(小三災)와 큰 삼재(大三災)라고 한다. 소삼재는 인간의 일상생활에서 일어날 수 있는 전쟁(폭력)·질병·굶주림의 경우로 볼 수 있고, 대삼재는 지구가 파괴될 때 되풀이된다는 것으로 화재와 홍수와 폭풍을 가리킨다.

요즘의 삼재라는 개념에는 위의 소삼재와 대삼재를 다 포함하는 것으로 볼 수 있다. 이것이 개인의 운세설과 연결되면서 주기적으로 12년 중에 들어오고(들 삼재) 머무르고(눌 삼재) 나가는(날 삼재) 3년간의 과정을 거치면서 재앙이 된다는 것이다.

우리가 피하고 싶어 하는 재앙이란 늘 우리 곁에 있다. 그리고 우리의 마음가짐과 노력에 의해 얼마든지 바뀔 수도 있다.

전쟁과 질병과 굶주림은 함께 일어나는 것이다. 지금 이 순간에도 지구상에는 바로 인간에 의해 이 재앙이 일어나고 있다. 그렇지만 그 지역에 사는 사람들이 모두 사주가 같거나 삼재의 주기에 속한 것은 아닐 터, 그러므로 인간의 이기심과 탐욕이 오히려 이러한 재앙을 만들어 내고 증폭시킨다.

불과 물과 바람은 우리의 삶에 절대적으로 필요한 것이다. 세상 모든 것들이 그렇듯이 절대적으로 필요한 것에는 또한 부작용도 반드시 있다. 그러므로 우리가 주의를 기울여 적절히 사용하면 매우 유용한 것이지만, 주의를 기울이지 못하고 적정한 범주를 넘어서면 바로 화근이 된다.

삼재풀이란 삼재의 피해에서 벗어나는 방법을 찾는 노력이다. 만약 '삼재풀이'라는 명칭으로 기도를 한다면, 그것은 우리들 마음 씀씀이의 중요성을 일깨우고 늘 주의를 기울이는 노력을 하자는 다짐이다. 단순히 어떤 물건을 몸에 지닌다거나 몇 시간의 정성으로 모든 재앙을 다 피할 수는 없다. 그것은 운전자가 사고 다발지역을 무사히 통과했다고 해서 사고로부터 자유로운 것이 아닌 것과 같은 이치이다.

「늘 깨어있는 사람은 몸도 정신도 끝없이 변하는 것임을 분명하게 알기에 집착을 놓고 모든 고통과 재액으로부터 벗어난다. 세상 어떤 것에도 집착하지 않기에 마음에 걸림이 없고, 걸림이 없기에 두려움이 없으며, 두려움이 없으므로 어리석은 생각을 하지 않는다. 그러므로 언제나 고요하고 평화롭다.」

잘 알고 있는 반야심경의 가르침이다.

마음에 걸리는 것이 많은 사람은 두려움이 많고, 두려움이 많은 사람은 어리석은 생각을 많이 하며, 그로 인해서 스스로 재앙을 만들기도 하고 또 재앙 속으로 들어간다. 대부분의 재앙은 스스로 만들고 있다. 그러므로 불자라면 모름지기 자기의 마음을 안정시키고, 지혜가 발현되도록 하여 화근이 될 것을 미리 볼 수 있어야 한다. 그것이 최상의 삼재풀이가 된다.

만약 위의 방법이 여의치 않다면 늘 선지식을 가까이하여 어리석음으로 인한 함정에 빠지지 않도록 해야 할 것이다.

삼재! 너무 겁내며 웅크릴 것도 아니지만, 그렇다고 무시하고 천방지축으로 날뛰는 것도 삼갈 일이다.

- 인도 바라나시의 복잡한 거리. 2009년 12월 9일 촬영.

어떤 이는 인도를 성스럽게 생각하여 가고 싶어 하고,

어떤 이는 복잡하고 지저분해서 가기 싫다고 한다.

부자 되기

새해소망 중에서 가장 많은 바람이 아마도 부자 되게 해달라는 것이 아닐까? 이게 불교에 맞는 것인가, 아니면 맞지 않는 것인가? 가령 맞지 않는다고 하면 부자 되기를 포기할까? 그게 부처님 가르침에 꼭 들어맞는 것은 아니로되 그렇다고 포기하라고 할 수도 없다는 말씀!

부자가 되기를 바라는 것은 남의 신세나 지겠다고 생각하는 것보단 백배나 낫다. 왜냐고? 생각해 보시라. 남의 신세나 지겠다는 사람은 자기의 미래를 남에게 맡긴 것이니, 스스로가 자신의 운명을 바꿀 기회를 포기해 버린 셈이다. 반면에 부자가 되길 바라는 사람은 부자 되는 방법을 연구하게 될 것이다. 물론 다 성공한다면 얼마나 좋겠는가마는, 대부분은 실패할 가능성이 더 높다. 실패하면 뭐 어떤가. 그동안 노력한 만큼 열정을 쏟았고, 또 희망에 부풀어 있었지 않았나? 그런데 사실은 실패하는 데서 훨씬 공부는 더 많이 되는 법이다.

예를 들어보자! 갑(甲)은 부잣집에 태어나 모든 혜택 다 누리며 일류에서 일류로 한길만을 내달리며 마흔이 되었고, 을(乙)은 가난한 집에서 태어나 여러 악조건을 극복하면서 실패의 쓴맛도 아주 많이 보며 그런대로 괜찮은 정도의 위치에 오른 상태로 마흔이 되었다. 이 두 사람에게 지진과 같은 천재지변이 일어나 똑같이 빈털터리가 되었다면, 누가 더 그 위기를 잘 극복할까? 뭐, 정답은 없다. 그러나 을(乙)에게는 갑(甲)에게 없는 것이 있다. 위기극복의 지혜가 있는 것이다. 그래서 사실 세상이 공평하다고 하는 것이다.

그건 그렇고, '부자 되기'라고 제목 붙였으면 부자 되는 방법이라도 말해 줘야 하는 것 아닌가? 나 참! 아니 그걸 내가 알았으면 손바닥만한 절 책임지고 있나?

그런데 참 희한한 일이지? 태어나 지금까지 내 이름의 집 한 채 없었지만(개화사는 2013년 현재 은행 것이고 나중에는 조계종 것임), 단 한 번도 가난하다는 생각을 해본 적이 없다. 아니, 기억이 안 나는 것인지도 모르겠다. 어차피 기억나지 않는 것은 심각하지 않았다는 뜻이니……. 뭐, 그냥 넘어가자. 더 웃기는 건, 다른 사람들이 한 번도 날 가난하게 보지를 않았다는 거다.

고등학교를 졸업할 때까진 꼭 필요한 차비나 학용품비를 제외한 용돈이 없이 살았지만, 학교 동창들은 가난하게 보질 않았다. 출가 후 승가대학에 다닐 때는 정말 빈 주머니로 1년을 지낸 적도 있다. 그런데도 같이 지냈던 후배들은 부러운 선배였다고 하니, 뭐가 어떻게 된 거여?

등 떠밀려 들어간 총무원도 하필이면 재정국장을 하

란다. 재무부 금고요? 가득하긴 한데 꽉 찬 것이 먼지더라는 말씀. 그러나 두 달 뒤부터는 종무원들 월급 건너뛴 적이 없었고, 게다가 보너스까지 꼬박꼬박 주었으니 그때까진 처음 있는 일이었다고 한다. 그 대신 내 생활의 반은 도로에서 지낸 셈이다. 분담금(전국 사찰에서 내는 총무원 운영비)을 받아오지 않으면 돈이 없는 걸 어떡해?

어쩌다 서울에서 주지라고 맡은 절은 땅 한 평이 없었고, 허가받은 건물 한 채가 없었다. 그런데도 2년이 지난 후에 부자 절이라고 소문이 짜 했다. 부자 절들 다 땅 밑으로 꺼졌나?

그래도 지금은 개화사가 있지 않소이까? 맞다, 개화사! 이게 또 어마어마한 부자들이 다니는 절이라네(찜질방 등의 뉴스). 덩달아 나도 부자 주지다. 근데, 내 말 좀 들어보소. 아마 몇 달만 은행이자 내지 않으면 은행이 친절하게 주인행세 하려 들 것이외다. 그렇지만 어떻소? 부자들만 다닌다는데 ~

자, 이제 부자가 되는 최단 코스를 알려 드리리다.

어떤 경우라도 가난하다고 슬퍼하거나 화내지 말고, 또 다른 사람에게 부자처럼 보이게 당당하게 살면 되지 않겠수? 마치 내가 그러했듯이.

사십 명 정도의 신도와 절을 만들다 보니

빚이 60억 원이 되어버린 개화사.

- 2010년의 모습. 부자절도 가난한 절도 아니다.

제
56
화

꼭꼭 씹는 맛

사람들이 가장 좋아하는 것 중에 하나가 그 자리에 없는 사람 씹는 것일 터. 해도 괜찮으냐고? 허 참, 언제 내 허락받고 했었던 사람들처럼? 방편으로 말하자면 적당히만 한다면 해도 괜찮을 걸. 우선 다들 신나하잖아!? 적어도 혼자 꾹꾹 눌러 참았다가 몽둥이 들고 설치는 것보다야 백배 낫지 뭘. 사람들은 참으라고만 하면 병나잖우? 그래서 결국엔 대밭에서 "임금님 귀는 당나귀!"라고 고래고래 악을 쓰게 된다는 말씀.

그런데 쓴소리 좀 하자면, 그거 너무 맛들이면 스트

레스 푸는 대신 자기 복이 다 빠져나간다는 걸 아시도록. 그리고 너무 심해지면 뒷맛이 씁쓰레하잖우? 그리고 이건 비밀인데, 그거 다 도청되는 거 아시나? 낮말은 새가 도청하고 밤 말은 쥐가 도청할 걸. 그리고 벽은 밤낮으로 도청하고.

누군가 마음에 들지 않으면 "저 사람 밥맛이야!" 그런다. 그렇게 말하는 사람은 밥맛을 모르는 사람이다. 묻고 싶다.

"밥맛이 뭐 어떤데?"

삼칠일(3x7=21) 단식을 해 보면 비로소 밥맛을 알게 되려나? 단식을 하라면 기겁할 터, 좋은 방법이 있긴 하다. 밥을 한 숟갈 입에 넣고 반찬 없이 50번만 씹어 보시라. 그 달콤하고 고소하고 향기로운 것은 말로 표현하기 어려울걸. 반찬도 역시 그런 식으로 씹어보고 나면 다시는 짜고 맵게 먹으려 않을 거로. 이렇게 밥을 오래 씹는 나에겐 '저 사람 밥맛이야'가 '저 사람 참 맛깔스럽고 향기로운 사람이야'로 해석이 될 수도 있다는 말씀.

남의 흉을 가지고 계속 씹으면 쓴맛으로 바뀌는데, 밥은 씹을수록 달콤해지고 향기로워진다. 그런데 씹을수록 천만 가지 맛을 내는 것이 있다. 바로 부처님의 말씀이다. 부처님의 말씀이라……. 처음엔 아예 맛을 못 느낄 수도 있지. 그래서 이빨이 아주 강해야 한다. 아니다! 턱이 강해야 하는구나! 사정없이 깨물고 잘근잘근 씹다 보면 서서히 묘한 맛을 느낄 수 있을게야. 바로 그게 시작이지. 일단 맛을 알고 나면 세상에 그런 진수성찬이 없걸랑. 대체로 맛있다는 음식도 몇 번이면 질리는데, 이건 평생을 씹어도 언제나 새로운 맛이니까!

참, 이빨도 안 들어간다는 말 들어보셨는지. 이게 화두를 두고 하는 말이지. 그 화두가 무슨 맛이냐고? '아주 쓴맛'이지. 이빨 아주 센 놈이 있어 씹어 먹으면 어떻게 되냐고? 그냥 죽고 말아.

아니 무슨 알아듣게 얘길 해 줘도 공부를 할까 말까 한데, 어째 그리 빡빡하게 말씀하신다요?

이제야 눈치 채셨구나. 다른 사람 씹듯이 순간의 재

미로만 불교공부 화두공부 해봐야 맛을 보기도 전에 이빨 다 빠진다는 말씀이지. 스님들 이빨 보셨나? 화두 씹느라 이빨 성한 이가 많지가 않아. 그래도 스님들은 그 맛이나 알고 이빨 성치 않으니 억울하지나 않지만, 맛도 모른 채 이빨만 빠지면 어쩔 거요?

씹는 맛에는 사람 씹는 씁쓰레한 맛이 최하위고, 씹을수록 점점 달콤해지는 밥맛이 조금 나은 편이며, 두려움 없는 사람이 씹는 깨침의 맛이 으뜸인 것. 무엇을 어떻게 씹건 그건 그대에게 맡기리다.

2011년 성도재일 철야정진법회(밤을 새며 공부
하는 법회)에서 좌선을 하는 개화사 불자들.

충전하기

2009년 12월 4일, 인도성지순례 나흘째가 저물어가고 있었다. 제이피 팔래스(Jaypee Palace) 호텔에서 저녁공양을 마쳤을 때는 시계가 이미 숨 가쁘게 자정으로 치닫고 있었다. 인천을 떠나 비행기를 세 번이나 오르내렸고, 매일 장거리 기차여행을 한 후라 사람들의 얼굴에 지친 기색이 보이기 시작했다.

늦은 저녁을 마친 후 차 한잔을 하면서 우이사와 뻰투사장이 다음 날의 일정을 보고했다.

"스님! 내일은 오전은 호텔에서 쉬고 점심 먹은 후에

나가겠습니다. 아그라성과 타지마할만 둘러보면 되니까, 지친 몸들도 좀 추스르고 여유롭게 움직여도 되겠습니다."

"멀리 인도까지 와서 호텔에서 시간을 보내?"

"이곳은 불교성지도 없고 둘러볼 곳도 없습니다. 지쳤을 테니 좀 쉬는 것도 좋지 않겠습니까?"

"여행은 그렇게 하면 재미없어! 오전에 아그라성을 보고 오후에 좀 일찍 타지마할 본 후에 재래시장 같은 곳을 둘러보지."

"재래시장도 별로 볼 것이 없을 텐데요."

"그렇지 않아! 각국의 재래시장을 둘러보면서 재미있는 경험들을 많이 했어. 그리고 인도는 캐시미어가 유명한데, 아그라에는 캐시미어전문점이 없나?"

그때 삔투사장이 끼어들었다.

"스님, 아그라에 인도 제일의 캐시미어점이 있습니다."

"그래? 바라나시에 있다며?"

"거긴 작은 가겝니다."

"그러면 내일 캐시미어 가게와 재래시장을 둘러보는 것으로 하자. 내일 아침 먹고 바로 출발하는 것으로 공지하게나!"

누군가 사람들이 힘들어할 때는 시장 구경을 시켜주라고 했던가. 종일 걷고 걷기를 반복했던, 다소 처진 어깨들이 캐시미어가게에서 생기가 오르기 시작했다. 꽤 오랜 시간 캐시미어와 놀다가 혼잡의 극치라고 일컬을 수 있는 인도의 퇴근길을, 유치원생처럼 손들고 행군을 한 후 겨우 도착한 재래시장 꽃신 가게 앞에서는 이윽고 방방 뜨기 시작했다.

저녁을 먹은 후 두 사람을 불러 물었다.

"보게나, 어때? 오늘 즐겁지 않았나?"

"미처 생각지 못했습니다. 다음에도 오늘 했던 대로 해야겠습니다."

인생을 어떻게 사느냐 하는 것은 전적으로 생각에 달렸다. 대충 편하게 사는 방법도 있고, 또 적당히 쉬면서 쉬엄쉬엄 가는 방법도 있다. 그러나 신나게 살면서 그 힘으로 충전을 할 수 있다면, 그거야말로 마당

쓸고 돈 줍기가 아니겠는가. 어차피 개인의 삶은 아무도 보상해주지 않는 법이니까! 그것이 지혜로운 이가 사는 방법이다. 그렇지! 즐기려면 남을 먼저 배려해야 한다는 것쯤은 기억해 두자.

아 참! 우이사가 1월에 다른 사찰과 성지순례를 다녀와서 했던 말이다.

"스님! 아무나 즐길 수 있는 것은 아닌 모양입니다. 이번에도 재래시장엘 갔는데, 하필 쉬는 날이었습니다."

눈에 보이지 않는 공덕이라는 것이 있음을 사람들은 믿으시려나…….

타지마할이 있는 인도 아그라에서 저녁 무렵에 방문한

재래시장의 가죽신 가게에서 즐거워하는 신도들.

- 2009년 12월 4일 촬영.

제
58
화

등 뒤 스승님의 눈빛

총무원에서 국장을 하던 1980년대 말, 명절 휴무를 기해 스승님 계신 동림사에 갔었다. 한적한 오후 스승님께 차를 달여 드리는데, 옛날 젊은 시절 공부하시던 얘기를 하셨다.

"아, 내가 범어사에서 정진할 때 선객들과 온천장 목욕탕엘 갔었지. 묵은 때를 시원하게 밀고 있는데, 평생을 참선 공부했던 늙은 거사님이 갑자기 묻더군. '몸때는 물로 씻으면 되지만 물때는 어쩌시려오?' 나는 그 말에 꽉 막히고 말았지. 1년 동안 이를 악물고

공부한 후에 빚을 갚으러 갔더니, 허참! 돌아가신 게 야. 빚으로 시달림을 한 셈이지."

차를 한 잔 드신 후 그윽하게 건너다보시더니 지나 가는 말처럼 던지셨다.

"그래, 총무원 생활을 계속할 건가?"

"설령 스님께서 물때를 걱정하시더라도, 저는 인연 이 되었으니 당분간만 봉사하겠습니다."

"자네가 달이는 차는 늘 맛있구먼!"

돌이켜 보면 스승님은 늘 관심의 끈을 놓지 않고 계 셨던 것이다.

스승님 곁을 떠나 해인사로 출발하던 그날, 인사를 받으시고도 말 한마디 않으시던 분. 방안에서 한 걸음 도 나오시지 않던 스님이 참 차갑다는 생각도 잠깐 했 었다.

선원에서 정진 중이던 어느 날, 원주스님이 편지 하 나를 전해 주었다. 신도님이 전해 온 소식이었다.

"스님께서 암자를 내려가던 그 순간에 큰스님께서는 방에서 나오셔서 바위 위에 서 계셨습니다. 한 시간이 넘도록 김해벌판에서 스님의 모습이 더 이상 보이지 않을 때까지 말없이 바라보고 계셨답니다. 저희들이 아무리 권해도 차가운 바람을 맞으시며 움직이지 않으셨지요."

지금도 나는 노보살님의 손때와 눈물자국 스민 그 편지의 글씨체까지 기억한다. 비록 편지는 그날 저녁 장작불 속에 넣었지만. 언제나 스승님은 내 곁에서 나를 살피고 계셨다. 그리고 스승님께서 입적하신 지금에는 언제나 내 마음속에 미소 짓고 계신다.

스승님 한산 화엄대선사님의 1979년 영구암 시절 모습.

기자들의 요청에 의해 촬영된 사진임.

아버님의 아픈 사랑

내게 아버님은 어떤 존재일까? 돌이켜보니 아버님
으로부터 좋아한다는 말 한마디 들어본 기억이 없다.
나 역시 사랑한다는 말 한 적 없다.

내 마음에 새겨진 가장 오래된 기억은 네 살 때지.
뭐 좀 철이 없었지. 동네에 풍 맞은 어른이 계셨는데,
집에 있기는 답답했는지 매일 마을과 들판을 한눈에
볼 수 있는 곳으로 나들이를 하셨어. 그 어른은 짚으
로 엮은 엉덩이깔개를 질질 끌며 울퉁불퉁한 골목길
을 나오셨지. 근데 그 전망 좋은 장소가 바로 우리 집

앞 공터였다는 말씀. 그러니까 그 공터에서의 모든 소리가 고스란히 우리 집 안방에 생중계 된다는 뜻이야.

철부지 애들에게야 그 어른의 모습이 재미있을 수도 있잖아! 무슨 악의가 있어서 놀렸겠어? 나도 또한 그랬고. 네다섯 살짜리끼리 재미있는 것 찾고 있는데 하필이면 그때 그 어르신이 나타났던 게지. 한 꼬마가 놀렸어. "앉은뱅이~♪ 앉은뱅이~♫!" 근데 그 어르신이 붙잡겠다고 팔을 휘휘 휘두르는 걸 피해 도망 다니는 게 또 재미가 쏠쏠했더란 말씀이야. 물론 나도 동참했지. 함께 하는 즐거움 모르시나?

갑자기 환청처럼 노기 띤 아버님의 목소리가 등짝을 때리더군. 어라? 분명 밖에 나가시는 것 같았는데, 집에 계셨네. 주춤거리며 나아갔더니, 네 살짜리에게 어른을 놀려서는 안 된다는 것을, 특히나 몸이 불편한 분은 더더군다나 안 된다는 것을 설명하셨지.

"알겠느냐?" "네!"

"벌을 받겠느냐?" "녜"

"가서 회초리 만들어 오너라."

종아리에 붉게 그어진 자국을 보고는 어머니가 울면서 처음으로 아버님에게 큰 소리로 말씀하시더군.

"어린 것이 뭘 안다고 그리 모질게 때리오!"

그러면서 끌어안고 종아리를 쓰다듬으시는데, 나는 내 볼에 떨어지는 어머니의 그 눈물만이 사랑인 줄 알았지. 그런데 괜히 헛기침을 하시는 것 같은 아버님의 모습이 궁금해서 돌아본 내 눈에 아버님의 붉은 눈자위가 들어왔어. 그때 깨달았지. 어머님만 날 사랑하는 게 아니라는 것을.

그 이후 40년 가까이 다시는 매를 들지 않으신 걸 보면, 아마도 그때의 매자국은 내 마음보다 아버님 마음에 더 선명했던 것 같아. 무슨 차이가 있냐고? 내 마음에는 그 매가 사랑으로 각인된 것이었다면, 아버님에게는 내 종아리 아픔의 수만 배 더한 그런 아픔으로 핏자국 선명하게 남지 않았을까? 마치 날 피하시던 그 붉은 아버님의 눈자위처럼……

참 좋은 세상이야 그지? 사랑한다는 말 마음대로 해도 남자 체면, 아버지의 체면 구겨지는 그런 시절이 아니잖아.

　그런데 나는 지금이라도 아버님이 돌아오신다면 "사랑한다!"는 말을 듣고 싶은 게 아니라, 그 회초리 든 붉은 눈을 보고 싶은걸.

매를 통해 아버님의 사랑을 느꼈던 고향마을의 전경.

- 2010년 9월 촬영.

멋진 스승, 부모님

유학생들은 혼자만 아는 어려움을 부모님에게 알리지 않는 경우가 많을 걸. 나도 중학교 부산유학시절 어렵다는 얘기를 한 기억이 없구먼. 자취생활을 할 때였는데, 반찬이라는 게 대체로 샘표간장에 깨 몇 알 노는 게 대부분이었어. 어쩌다 김치라도 있으면 요즘 애들 갈비 먹는 날과 같은 게지.

어느 날 아버님이 연락도 없이 시골서 오셨어. 60년대에 무슨 전화가 되는 것도 아니니, 연락 없이 오는 것이 당연하지 뭐. 하필이면 간장에 밥 비벼먹을 때

당도하셨네.

"이래 묵나?"

"예! 맛 있습니더."

열흘 후 부모님은 부산으로 이사를 하셨어. 나야 뭔 뜬금없는 일인가 했지. 훗날 말씀하셨지. 그대로 두었다간 아들 죽이겠다는 생각이 드셨다고.

용기는 좋으셨는데 시골 분들이 부산에서 무슨 일을 하시겠다고……. 결국 부산에 좀 익숙해진 몇 년 후, 어머니는 참기름과 들기름 중개업을 하셨고, 아버님은 경비소장을 맡으셨지. 이렇게 표현하니 참 근사하게 생각되는구먼. 쉽게 말하자면 어머님은 가가호호 방문해서 기름 2홉들이 한 병씩을 파는 일을 하셨고, 아버님은 국제시장 한 동의 야간 경비를 혼자서 하셨다는 뜻이야.

어느 겨울, 독서실에서 늦게 돌아왔는데 어머님이 주무시고 계셨지. 얼마나 피곤하셨던지 내가 온 줄도 모르시는 게야. 평소에는 무심한 인사만 하고는 내 다락방으로 올라가 버리는데, 그날따라 어머님이 참 측은하게 보이는 거 있지. 잠든 옆에 앉아 자세히 얼굴을 들여다보았지. 아! 겨울의 칼바람이 어머니 얼굴에 난도질을 해 놓았더군. 손은 또 어떻고. 논바닥에 언 얼음이 금가며 물이 비집고 올라오듯, 손등은 그렇게 갈라졌고 그 틈새로 피가 배어 나왔더라고. 엉겁결에 손을 부여잡고 눈물을 흘렸던가 봐. 흐린 시야에 어머니 얼굴은 보이지 않고 목소리만 들리더만.

"와 그라는데……. 니 우나?"

"아이라요, 하품했다 아입니꺼"

나는 서둘러 다락으로 내빼고 말았지 뭐.

일요일 초저녁, 어머니가 국제시장엘 다녀오라네. 낮에 아버님이 기침을 하셨는데, 갑자기 기온이 떨어지는 걸 보니 걱정이라며 두꺼운 옷을 주시며 등을 미시는 거라. 가기 싫어 미적거리다가 어머니의 성화에 무거운 발걸음을 옮겼지. 아직 파장하려면 한참 시간 걸려야 하는데, 어르신의 아드님이 아닌 경비김씨의 아들인 게 싫었던 게지. 게다가 아버님이 경비하는 동은 사촌형이 사장으로 불리는 곳이란 말이지. 사촌형

앞에 상대적으로 왜소해 보이는 아버님의 초라한 모습이 보기 싫었다고 봐야겠지.

나는 옷을 들고 국제시장에 가까이 있는 대각사로 들어갔어. 법당에서 집중도 안 되는 억지 참선을 하고는, 셔터 내려진 상가 건물로 가서 문을 두드렸지. 반갑게 맞으시던 아버님은 오히려 내가 추울까봐 걱정을 하시네.

고향에 계셨다면 영원히 어르신으로 통할 텐데, 날 위해 단 열흘 만에 그 권좌(?)를 팽개쳐 버린 아버지. 그건 당신의 모든 것을 다 버렸다는 것임을 어렴풋이 알게 되었기에 부끄러워 아버님을 똑바로 볼 수 없었어.

"그때 이미 불교공부하고 있었다면서요?"

"왜 아니라나. 근데 그저 머리로만 따지고 있었어, 마음은 닫힌 그 상태로 말이지." "큰 스님들도 많이 뵈었다면서요?"

"그럼! 늘 모든 것 내려놓으라는 방하착(放下着) 법문을 얼마나 듣고 다녔다고. 그럼 뭐하나? 아버님은 날 위해 모든 걸 버리셨는데, 나는 좁쌀 같은 자존심에 걸려 있었던 걸. 참 못난 놈이었지!"

바람만 휑하니 스치는 인적 끊긴 상가 사이로 발끝만 보며 걷는데, 왜 그리도 코끝이 찡해져 버리는지 원. 그때 생긴 비염은 아직도 코끝에서 떨어질 줄 모르지.

내게 있어 최초의 가장 멋진 스승이셨던

흑백 사진 속 부모님의 모습.

- 조카가 소장하고 있는 사진을 스캔한 것.

성공의 요건과 실패의 이유

요 근래 사람들의 사고방식과 행동방식을 살펴보면 대단히 감각적이다. 갖가지 유행에서부터 비롯되는 이 감각적인 것은 사실은 양면성을 갖고 있다.

유행을 따르는 일반 대중들이 정말 단순하게 감각을 따라가는 반면, 그 유행을 만들어내는 사람들은 모든 에너지를 응집시킨다. 그들은 감성적인 측면뿐만 아니라 지적능력을 최대한 발휘하며, 동시에 대중의 심리마저도 분석하고 있는 것이다. 그래서 무조건 감각에 의지하여 따라가는 사람들은 그 사고나 행동이 지극히 가벼운데 비해, '감각적인 것'을 만들어내는 사람들은 신중하고 치밀하다는 것. 만약 유행을 만드는 사람들이 가벼운 감각만으로 그 사업을 벌였다면, 그 업체는 얼마 후 사라지고 말았을 것이다.

하나의 유행을 만들어 내는 것이 얼마나 힘든 일인지는 성공한 패션사업가들만이 안다. 그래서 사업가들은 고객이 지나치게 신중한 것을 바라지 않는다. 대중이 가벼운 감각에 빠져들수록 사업하기는 그만큼 수월해지기 때문이다.

요즘 우리나라는 개업하는 업체가 봄날 새싹처럼 많고, 폐업하는 업체 또한 가을날 낙엽처럼 많단다. 왜 그럴까? 누구에게나 들을 수 있는 답은 '경기가 좋지 않으니까!'이다. 만약 그것이 이유라면 성공하는 사람이 없어야 마땅하다. 그런데도 성공하는 사람이 분명 많이 있다는 것.

실패하는 사람들이 놓치고 있는 것이 무엇일까? 준비성과 추진력과 열정이다. 이 세 가지 중 하나라도 부족하면 성공 가능성이 희박할 수밖에 없다. 준비성은 사업을 시작하기 전에도 필요하지만 매일 다음의 미래에 대한 준비를 해야 한다는 뜻이다. 요즘 사람들은 쉬이 지쳐버리는 것 같다. 처음에는 제법 무언가를 할 듯이 움직이지만, 점차 편한 방법을 찾게 되고 귀찮은 일은 하지 않으려 한다. 사업자가 편해지면 이용자는 불편해지게 마련. 불편한 곳을 누가 가려고 하겠는가! 열정은 또 어떤가? 심장이 멈추면 죽음에 이르듯, 주인의 열정이 사라지면 그 가게의 다음 수순은 문 닫는 것이다.

도시에서는 수없는 가게가 만들어졌다가 사라진다. 뿐만 아니라 불교포교당도 교회도 참 많이 세워졌다가 어느 순간 사라진다. 그래서 나는 후배들이 포교당을 만들겠다고 하면 3년 동안 운영할 준비를 갖췄느냐고 물어보고, 아는 이가 가게 열겠다고 하면 3년간 손해 보면서도 유지할 수 있겠느냐고 물어본다.

무릇 어떤 일을 계획하여 실행할 땐, 어떤 조건하에서도 최하 3년간은 그 열정이 변함없어야만 겨우 첫 단계를 넘었다고 할 수 있다.

사람들은 천재가 찰나의 감각으로 새로운 무언가를 만들어 낸다고 보는 것 같다. 그건 진실을 모른 채 너무나 쉽게 판단해 버린 것이다. 피카소가 천재인 것만은 사실이지만 피카소의 그림이 어린애 장난하듯이 만들어진 것이 아니라 엄청난 습작 후에 완성된 것이며, 앤디 워홀이 틀림없는 천재이지만, 그의 사업적 성공은 그냥 저질러서 된 일은 결코 아니라 치밀한 준비와 열정의 결과일 뿐이다. 사람들의 시선이 미치지 못하는 곳에 그들의 피나는 노력이 있었다는 것을 깨달을 때, 비로소 성공의 길도 실패의 길도 볼 수 있을 것이다.

성공하고 싶다면 결코 미리 도인(道人)인 체하며 무기력에 빠져 있지 말 것. 참 많이 겪는 일 중에 하나인데, 내게 도움을 요청할 때는 입에 침이 마르도록 칭찬을 일삼던 사람이, 도움을 받고 난 뒤에는 대충 편하게 살라며 충고하고 떠나더라는 것. 내겐 그 칭찬도 충고도 모두 그림자에 불과하지만, 그렇게 말한 사람은 스스로를 도인(道人)이라고 생각하지 않을까?

깨달음에 도달한 아라한들.

대충 수행한 이가 있을까?

예참의 미묘한 공덕

예참이라는 수행법을 만난 것은 내 인생의 큰 전환점이었다. 물론 예참을 수행으로 생각하기 전에도 절에 가면 당연히 법당에서 절 몇 번이야 했지만, 내 삶을 이토록 바꿔놓을 줄은 미처 몰랐었다.

고1 수련대회에서 최초로 삼천배 예참을 해 본 이후로, 주말이면 삼천배를 해야만 할 일을 다 한듯한 생각이 들었다. 물론 평소에도 몇백 배는 하였었다. 그래서 내 무릎은 언제나 검은 색이었다. 주말 범어사에 올라 다다미가 깔려 있는 보제루나, 나무로 된 마루가 깔린 대웅전에서 삼천배를 하고 내려와 옷을 벗으려고 하면 늘 무릎에서 걸렸었다. 당시에는 지금처럼 신도들을 위한 방석이 준비되지 않았기에 대개는 그냥 맨바닥에서 절을 하는 방식이었다. 그런 까닭으로 예참을 마친 무릎은 피투성이가 되어 교복이나 교련복에 붙어버렸기에, 부득이 물수건으로 적시어 떼어내야만 했었다.

고3이 된 지 얼마 되지 않아 담임선생님의 수업시간인데, 눈에 보이는 모든 것이 흔들리고 있었다. 한참 열강을 하시던 선생님이 다가오시더니 내 머리를 짚어보시고는 가방을 싸서 병원에 가 보라고 하셨다. 그 길로 조퇴하고 집에 갔더니 어머니가 놀라서 서둘러 병원으로 데려 가셨다. 진찰을 끝낸 병원장이 의아하다는 듯 물었다.

"학생은 병원에 택시 타고 왔더노?"

"언지예, 걸어서 왔는데예."

"아따 니 참 독하데이."

"와예?"

"체온이 41도가 되었는데 우째 걸어왔단 말고?"

의사선생님은 놀랍다는 듯이 부연하여 설명하셨다.

"보통은 쓰러진다 아이가. 뇌세포가 타 버리는 기라."

나는 뒷날 그때 얘기를 하면서 농담을 하기도 했다.

"내가 이렇게 다른 스님들보다 멍청하게 사는 이유는, 체온이 41도 올라갔을 때 뇌세포가 반 정도 타 버렸기 때문일 걸."

어쨌거나 병은 결핵으로 밝혀졌다. 중학교 때의 긴 자취생활에서, 감기가 걸려도 돈이 없어 그냥 견디며 계속 감기를 달고 살았던 것이 문제가 되었던 것이다.

휴학을 한 나는 결핵치료약을 한 보따리 가방에 넣고는 대법사(大法寺)로 출퇴근을 했다. 절밥을 얻어먹으며 매일 몇백 배의 참회와 예불 그리고 정근과 참선으로 시간을 보냈다. 그런데 약이 너무 독했다. 약 복용한 지 불과 며칠 만에 얼굴은 흑인처럼 되고 광대뼈가 튀어나왔다. 입맛은 사라지고 구토증이 계속 일어났다. 7일 만에 약을 모두 쓰레기통에 버렸다. 병 고

치기 전에 약 때문에 죽겠다는 생각이 들었기 때문이다.

나는 부처님 앞에 섰다.

"부처님! 제 병을 낫게 해 주이소. 저는 부처님의 제자가 될 몸입니다. 삼천배 예참을 백일 동안 해서 낫게 되면 반드시 출가하겠습니다."

매일 예참을 하며 간절하게 부처님을 찾았다. 그리고 백일이 되던 날, 땀을 닦던 수건이 핏빛이 되었다. 놀라서 거울을 봤더니 상처가 난 곳은 없었고, 피눈물이 나왔던 것이다. 뒷날 출가하여 전문적으로 교학을 연구할 때 참법(懺法)을 살펴보니, 눈에서 피가 나는 경우가 있었다. 그 다음으로는 모든 땀구멍에서 피가 나온다고 했는데, 부끄럽지만 그 경험은 하질 못했다. 5개월 후 병원장이 칭찬을 했다.

"아따, 학생은 참 착실하게 약을 복용했나 보네. 우째 이리 빨리 나았을꼬?"

출가 후 병원에서 치료가 어렵다는 이들을 만나면 예참을 권했다. 그리고 믿고 따라준 이들은 대부분 효과를 보았다. 그러나 믿지 않고 억지로 한다거나 하면 별로 효과가 없었다. 겨우 부축을 받아 상담을 왔던 노보살님은 병원에서 몇 개월밖에 살 수 없다고 했다며 울먹였는데, 백팔배로 시작해 삼천배를 몇번 하더니 그 후 오래 건강하게 살고 계시다. 병원에 십수 년째 약값만 수천만 원 보태며 누워 지낸다던 보살님은 죽을 각오로 삼천배를 세 번 하고는 건강하게 잘 지내고 있다. 그동안 있었던 이런 사례들을 모으면 책 몇 권은 족히 되리라.

그러나 정말 말하고 싶은 것은 몸의 건강이 아니다. 몸을 조절하고 있는 것이 무엇인가? 바로 마음이다. 부질없는 생각으로 두려워하고. 잘못된 것에 매달리고 있는 사이에 몸은 만신창이가 되는 것이다.

예참을 하다 보면 오래 걱정하던 것이 참 별것 아님을 알게 된다, 지금까지 두려워하던 일이 괜한 것이었음도 알게 된다. 두려움이 사라지면 잘못된 망상들이 사라지고, 이윽고는 지혜가 열리게 되는 것이다. 그래서 예로부터 스님들이 교학연구나 참선공부를 하다가

콱 막히면 예참을 하였던 것이다.

신도들의 신행생활을 지켜보면서 느낀 점이 있다. 예참을 할 때 남녀신도의 비율은 완전히 한쪽으로 기울고 있다. 그뿐만 아니다. 교학공부에서도 참선공부에서도 그 비율은 거의 마찬가지라고 할 수 있다. 그래서일까? 거사님들은 좀 섭섭할지 모르겠으나, 어떤 어려움에 봉착했을 때 보살님들이 훨씬 잘 헤쳐 나간다는 것을 알게 되었다. 물론 거사님들 중에서도 아주 열심히 정진하는 이들이 있는데, 이들은 대개 두려움이 별로 없고 역경을 잘 헤쳐 나간다는 것도 알 수 있다.

세상에는 참 어려운 일도 많이 생긴다. 물론 그것은 모든 사람에게 동일하다. 그렇지만 해결 능력에 따라 다음 순간부터는 완전히 달라진다는 것을 알아야 한다. 그러니 부디 지혜롭고 두려움 없는 불자가 되어야 자유롭고 편안해지지 않겠는가.

스스로 탈바꿈하기 위해 몸을 던져 예참을 하는

개화사 불자들.

제
63
화

부모의 역할과 은혜

자식을 키움에 있어 아버지의 역할과 어머니의 역할은 약간 다른 점이 있다. 아버지는 자비(慈悲) 중에서 자(慈)의 측면이 강하다. 자(慈)라는 말은 기쁨을 주려는 측면이 강함을 뜻하고, 비(悲)라는 말은 슬픔을 없애주려고 하는 측면이 강함을 뜻한다. 그래서 아버지는 좀 냉정하게 지켜보면서 잘못을 꾸중하여 바로잡는 면이 강한 것이고, 어머니는 무조건 감싸고 끌어안아 줌으로써 슬픔에서 벗어나게 하는 능력이 강하다. 이런 점에서 아버지는 자식과 가까이하기에는 좀 불리한 면에 서 있다. 왜냐하면 감성적인 측면에서는 누구나 슬플 때 잘해주는 사람을 훨씬 가깝게 생각하기 때문이다. 요즘엔 부모의 역할이 바뀐 집도 많다고 하니, 부처님 말씀대로 세상에 변하지 않는 것 하나도 없는 게 맞다. 암!

아버지의 자심(慈心)은 늘 자식의 인생전체를 생각한다. 그래서 우선은 좀 힘들지라도 미래를 개선시키는 방향으로 나아가도록 이끌어준다. 그러니 아버지가 자심(慈心)을 잃어버리면 자식이 전체적인 방향을 잃기 십상이다. 반면에 어머니의 비심(悲心)은 항상 바로 눈앞의 일을 살핀다. 아이가 울 때 어머니의 반응은 아버지의 반응보다 몇 배나 빠르다. 너무나 지금의 상황에 민감하기에 먼 미래의 장래를 살피는 일에는 냉정하지 못하다. 완전하게 나눌 수 있는 것은 아니로되, 자(慈)는 이성적(理性的) 측면이고 비(悲)는 감성적(感性的) 측면이다. 이 두 측면은 균형을 유지할 때 가장 훌륭한 사람이 될 수 있는 것이다. 아버지의 냉정한 사랑과 어머니의 따뜻한 사랑이 조화를 이

룰 때에만 자식을 바르게 키울 수 있다는 뜻이다.

부처님과 보살님의 역할은 아버지와 어머니의 역할을 제시한다고도 볼 수 있다. 부처님을 일체중생의 자부(慈父)라고 표현하며, 우리 스스로를 부처님의 아들 즉 '불자(佛子)'라고 한다. 그래서 부처님은 근엄한 모습으로 표현된다. 그러면서도 자세히 보면 어머니의 미소를 감추고 있음을 알 수 있다. 반면에 많은 보살님들이 어머니의 모습으로 표현된다. 그러나 무언가 근엄한 아버지의 모습을 감추고 있음을 알 수 있다. 즉 자(慈)와 비(飛)는 본래 하나이지만 이성적으로 표현되느냐 아니면 감성적으로 표현되느냐의 측면인 것이다.

부처님은 근본을 세워주시고 가르쳐 주셨다. 그래서 공부나 수행을 할 때는 부처님을 바라보고 따른다. 그렇긴 하지만 일반인들로서는 좀 어려운 분이다. 그래서 일상의 삶이라는 측면에서는 어머니처럼 끌어안아 주시는 보살님을 찾아간다. 그래서 불법을 배우되 보살신앙으로 삶의 어려움을 극복하려고 하는 것이다.

이것이 아버지의 역할과 어머니의 역할에 대한 좋은 상징이 될 수 있을 것이다.

동양에서는 '아버님이 날 만드시고 어머님 날 기르셨다'고 표현해 왔다. 아버지의 냉정한 사랑이 자식의 근본을 바르게 만들어 주는 것이고, 어머니의 따뜻한 사랑이 자식을 감성적으로 풍부하게 만들어 주는 것이다.

예전에 비해 너무나 살기 좋아진 요즘, 어쩐 일인지 스스로 목숨을 포기하는 이들이 속출하고 있다. 이유야 많겠지만, 근래에 와서 아버지의 역할과 어머니의 역할이 예전처럼 균형을 이루지 못한 점도 그 이유 중 하나가 될 것이다. 균형 잡힌 자식보다는 어느 한쪽으로 치우친 자식을 만들어 버린다는 뜻이다. 부모의 입장에서는 이 점을 간과해서는 안 될 것이다.

사실 우리의 삶은 너무나 많은 이들의 도움 속에서 가능하다. 환경적인 혜택까지 배제한다면 혼자서만 할 수 있는 일은 거의 없다고 해도 크게 지나치지 않을 것이다. 그럼에도 불구하고 자신의 어려움에만 집착하여 수많은 은혜를 저버리고 많은 사람들을 가슴 아프게 한다. 부모님의 그 무한하고 희생적인 사랑을 생각해 보라. 결코 자기의 몸이라고 함부로 할 수 없음을 알 게 될 것이다. 더구나 대단한 것도 아닌 일에 100조원 정도의 보물을 함부로 해서야 되겠는가.

그리고 한 번쯤 생각을 바꿔보라. 다른 사람을 위해 마음을 열어보라. 아마도 자신이 처한 상황이 별것 아님을 깨닫게 될 것이고, 자신이 해야 할 일이 무한히 많이 있음을 알게 될 것이다.

절에서는 한여름 더위 속에 백중기도를 한다. 영단에 모셔진 수많은 영혼들이 수많은 생을 돌면서 다 한 번쯤은 나와 깊은 인연이 있었던 이들이리라. 깊이 감사하는 뜻을 염불에 실어 왕생극락을 발원한다. 그 마음으로 대문 밖을 본다. 거기 또 무수한 손길들이 천수관음보살의 화현으로 다가옴을 볼 수 있다. 아, 모든 생명에게 감사할지라. 모든 생명을 공경할지라.

산 사람과 죽은 이를 위해 백중기도를 올리는 개화사 영단.

영단탱화에도 부처님과 보살님들이 함께 중생을 살피시는

모습이 보인다.

아름답게 소통하기

2010년 시작된 강서구종교지도자모임은 불교, 천주교, 기독교, 원불교, 유교의 지도자들이 매월 1회의 정기모임을 갖고 있으며, 필요에 따라 더 만나기도 한다. 2년 정도 세월이 흐르자 사찰, 교회, 성당, 향교, 원불교교당 등을 찾기도 하고, 식사를 하며 허심탄회한 이야기를 나누는 정도로 발전했다. 그동안 불우이웃돕기 바자회를 하여 수익금과 성금을 전달하였고, 지도자들이 성금을 마련하여 수차례 도움이 필요한 사람들에게 전달하기도 했다.

나는 타종교에 대한 편견이 없다. 그렇다고 해서 다른 종교지도자와 지기(知己)가 되긴 쉽지 않다. 두 사람의 마음이 활짝 열려서 상대를 있는 그대로 받아들이기 전에는 지기가 되긴 어렵다. 같은 길을 가는 도반(道伴)이라도 지기가 되지 못하는 경우가 대부분이다. 오죽했으면 지기(知己)가 셋이면 천하를 얻는 것보다 낫다고 했겠는가. 그런 관점에서 보자면 나만큼 큰 세상을 얻은(?) 사람도 드물겠다. 지기의 숫자가 셋은 훨씬 넘었으니 말이다.

종교지도자모임을 하면서 나는 또 두 분의 지기(知己)를 만났다. 바로 도미니코 신부님과 라이문도 신부님이시다. 첫 만남에서부터 통하기 시작한 우리는 개화사식구나 성당식구들이 모르는 이가 없을 정도가 되었다.

2012년 12월 24일 22시 30분에 시작하는 자시(子時)미사를 5분 남겨두고 성당에 도착하니 총회장이 기다리고 있다가 제일 앞자리로 안내했다. 학생 때 미사에 참석한 일이 있고, 또 프랑스 노틀담성당에서 일요미사를 본 일이 있었지만 크리스마스 미사는 처음이었다. 성당을 장엄하게 꾸민 것에서부터 당일 미사에 참여하고 또 봉사하는 신자들의 모습을 보면서 나는 우리 개화사 신도들의 노고를 자연스럽게 떠올리고 있었다.

미사가 막바지에 이르렀을 때 신부님이 내게 인사말을 청했다. 이미 몇 차례의 소개로 돌아서서 인사를 하였기에 전혀 생각을 하지 않았었다. 성당의 큰 잔치에 괜스레 누가 되지 않을까 염려되었지만 사양하는 것도 이상할 것 같아 단상에 올랐다.

"형제자매 여러분 반갑습니다."

엄숙하던 성당에 일순 웃음소리가 퍼졌다.

"오늘 여러분은 아기예수님을 만나기 위해 마음속의 모든 욕망과 바람과 미움과 슬픔 등을 다 비웠을 것입니다. 그 빈 마음에 성령을 가득 채우시기 바랍니다. 돌아가면 여러분의 이웃에게 빛이 되십시오. 그리하여 우리 모두 하나가 됩시다. 잃어버린 낙원을 되찾아 그 낙원에서 한 형제로 살 수 있길 기원합니다. 행복하십시오. 감사합니다."

그동안 조용하게 성가를 부르거나 성경구절을 암송하던 신자들이 함성을 지르며 박수를 쳤다. 이어지는 신부님의 말씀도 보다 열정적이 되었다. 약간은 더 따뜻해졌을까?

미사를 마친 후 마당에 마련된 차를 마실 때 많은 신자들이 일부러 찾아와 인사를 하였다. 거기에는 불교도 천주교도 아닌 우리가 있었을 뿐이다.

마지막으로 사제관에서 신부님이 마련한 어묵과 프랑스 수도원에서 법제한 약용 음료를 즐기며 두 시간여 얘기꽃을 피웠다. 그 백미를 라이문도 신부님이 오르간으로 '아베마리아'와 '토카타와 푸가'를 연주하여 거룩한 밤을 만들었다.

돌아오는 차 안에서 생각했다.

"세상 모든 이들이 오늘 우리가 누린 이 행복을 함께 할 수 있길……."

크리스마스이브미사를 집전하시는

라이문도 신부님과 도미니코 신부님.

참 특별했던 문병

　다소 무거운 마음으로 종합병원의 로비에 들어섰다. 둘러봐도 아직 낯익은 얼굴이 보이지 않기에 의자에 앉아 오고 가는 이들을 살펴본다. 근심 가득한 얼굴도 보이고, 애써 희망을 가지려는 안쓰러운 모습도 보인다.

　잠시 안타까운 마음으로 만남의 장소에 있는 이들을 둘러보고 있는데, 저 건너편에 낯익은 얼굴이 나타났다. 뜻밖이었다. 수척하고 누렇게 뜬 얼굴을 상상했는데, 훨씬 밝고 건강한 기운이 느껴졌다. 나는 가벼워진 마음으로 손을 흔들어 신호를 보냈다.

등나무 그늘 아래의 첫 만남. 굉장한 카리스마의 예술가라고 이전에 얼핏 들었었다. 그리고 최근에 생사의 위기를 넘긴 후론 아주 어린애의 판단력 정도가 되었다고 들었었다. 첫 대면하는 큰 몸집에 온화한 미소의 거사님. 손은 부드럽고 따뜻했다. 보살님의 표정이 이전보다 밝은 이유를 알 것 같았다.

대화는 막힘없이 진행되었다. 지적이면서 꾸밈이 많은 그런 대화가 아니라, 저 심층에서 피어나는 그런 언어이다. 약간 어눌하지만 진심이 느껴지는 거사님의 말투와 천진한 미소가 너무 좋았다.

거사님이 지금 막 꿈을 깬 듯이 말씀하셨다.

"출세니 명예니 하는 것도 아무 소용이 없고, 돈을 많이 번다거나 좋은 작품을 한다는 것도 부질없습니다. 다른 건 다 필요 없습니다. 내 곁에 ooo(시인인 보살님의 이름)만 있으면 됩니다."

"다 줘 버렸는데 반은 다시 돌려받았습니다."

보살님이 소녀 같은 표정으로 말을 받았다.

"이 사람에게서 독기가 다 빠져나간 것 같아요. 너무 편안해졌습니다."

내가 한 마디 거들었다.

"아마 회복되시고 나면 전혀 다른 작품, 참 멋진 작품을 다시 하실 수 있을 것입니다."

거사님이 받았다.

"작품 같은 것 이젠 필요 없습니다. 이 사람과 자유롭게 여행이나 다니려 합니다."

이건 생사의 한 고비를 넘어선 사람이나 할 수 있는 말이다.

병문안이라 하기보다는 그저 맑은 한담(閑談)을 나눈듯한 시간을 보내고, 이윽고 병원을 나설 즈음 보살님이 웃으며 한마디 건넸다.

"그동안 스님 곁에서 공부한 덕분으로 어려움을 잘 이겨낸 것 같습니다. 감사합니다."

하긴 얼마나 놀랐을 것이며, 또한 얼마나 걱정이 되었겠는가. 그럼에도 밝은 모습을 보여줄 수 있는 것은 마음공부를 한 사람이기에 가능한 일이리라.

병원을 떠나며 혼자 가만히 속으로 빌었다.

"천진한 소년처럼, 해맑은 소녀처럼 그렇게 살아가실 수 있기를⋯⋯."

조각가 거사님이 입원하기 전에

개화사에 기증한 대리석 조각 작품.

- 개화사 뒤뜰에 소장.

보리수를 보며

개화사에는 큰 화분에 심어진 보리수(菩提樹) 한 그
루가 있다. 부처님께서 보드가야(부다가야)에서 성도
하신 그 보리수와 한 몸이라고 할 수 있는 보리수이다.

부처님께서 성도하셨을 때 앉아계셨던 원래의 보리
수는 죽었다. 그러나 사실은 살아있다고 할 수 있다.
보리수는 원래의 몸에서 가지 번식을 시킬 수 있다.
살아있는 보리수의 작은 가지에 흙과 천으로 감싼 후
에 거기에 꾸준히 물을 주면, 가지에서 뿌리가 나와
감싼 흙속에서 자리를 잡는다. 충분히 자리를 잡았다

고 생각되면 잘라서 땅에다 심는데, 그로부터 완전히 독립된 나무로 자라게 되는 것이다. 보드가야의 보리수에서 그렇게 독립시켜 옮겨간 것이 스리랑카 아누라다푸라 보리수사원의 보리수로 수령은 약 2300년쯤 된다고 한다. 그리고 이 보리수에서 다시 가지번식을 시켜 옮겨 심은 것이 바로 인도 보드가야 성지의 보리수이다. 개화사에 있는 보리수도 스리랑카 보리수사원의 보리수에서 가지 번식을 시킨 것이다. 따라서 스리랑카의 보리수와 보드가야의 보리수 그리고 개화사의 보리수는 한 몸의 분신과 같은 것이다.

1990년대 말에 스리랑카 불교계와 인연을 맺은 일이 있다. 당시 사업관계로 오가던 거사가 다리 역할을 하여 이루어진 일이다. 그때 우리는 옷 등을 모아 수십 박스를 만들어 보냈고, 스리랑카에서는 보리수와 사리를 보내왔었다.

개화사의 보리수는 좀 안쓰러운 편이다. 도량이 그리 넉넉한 편이 아니기도 하고 건축법상의 여러 문제로 큰 온실을 짓지 못하기에, 추위를 견딜 수 없는 보리수는 화분에 심겨진 채로 집무실에서 겨울을 보내야 한다. 따듯한 봄이 되어야 겨우 바깥으로 나올 수 있는데, 몇 달 동안 햇볕을 거의 쬐지 못하다가 밖으로 나오면 몸살을 하여 잎이 다 떨어진다. 그리고 한참 지나 새잎이 돋는다. 환경만 좋았으면 아마도 큰 나무가 되었을 세월이 흘렀지만 아직 겨우 손가락 두 개 정도의 굵기밖에 되질 않는다. 물론 뜰에 심어두면 봄과 여름에는 잘 자라겠지만 겨울에 죽을 터이니 그것도 불가능하다.

보리수를 보면 생각나는 사람들이 많다. 먼저 보리수가 내 곁에 올 수 있도록 했던 거사가 생각난다. 몹쓸 병에 걸려 투병생활을 해야 했고, 중간엔 아주 희망적인 말을 의사로부터 듣고는 아기처럼 좋아했었다. 그러나 그때부터 뭔가 잘못되나 싶더니 내 충고를 무시하기 시작했다. 너무 자만했던 모양이다. 결국 갑자기 병세가 악화되어 세상을 떠났다. 그를 보낼 때 안타까움이 컸다. 좀 더 충고를 많이 할걸……. 그가 나를 싫어하게 될지라도 목숨을 잃지 않게 꾸중이라도 해서 막을 것을……. 그러나 그가 내 충고를 부담스러워할 때쯤엔 수십 번 되풀이했던 충고를 그만둬야 했다. 거기까지가 내가 할 수 있는 역할이라고 생각하면서…….

보리수가 자라는 동안 참 많은 사람들이 내 곁을 오고갔다. 생을 마쳐서 떠나가기도 하고, 이러저러한 이유로 떠나기도 하고……. 그이들을 생각하면 아쉬움이 있다. 그들이 내 곁에 있는 동안 좀 더 깊게 공부했더라면……. 반면 새롭게 다가와 용맹스레 정진하는 이들도 많다.

내가 충고를 했기에 떠난 사람도 많다. 그들의 미래가 보였기에 막아보자고 했던 충고가 싫었던 모양이었다. 그리곤 내가 염려했던 일들이 그들에게 일어났다는 소식을 접하면서 안타까워하기를 참 많이 하였다.

나는 매일 보리수를 본다. 모든 이들 마음에 보리(菩提, bodhi-깨달음)의 싹이 시들지 않고 잘 성장해 주길 바라며 보리수를 본다. 개화사의 작은 보리수가 2600년 전 부처님께서 앉아계셨던 그 보리수의 분신이듯이, 모든 사람이 부처님의 분신이기 때문이다.

1998년 스리랑카 최고 어른스님께서 보내주신 보리수.

- 개화사 집무실.

송강 스님의
마음으로 보기

ISBN 979-11-89988-91-3 (03220)
초판 발행 2021년 8월 22일

글 / 사진   시우 송강

발행인   김광호
발행처   도서출판 도반
편집팀   최명숙, 김광호, 이상미
디자인   추추비니디자인
대표전화   031-465-1285
이메일   dobanbooks@naver.com
홈페이지   http://www.dobanbooks.co.kr
주소   경기도 안양시 만안구 안양로 332번길 32